हार नहीं मानूँगा

प्रोफेसर (कप्तान) शशिभूषण त्यागी

भारत में मुद्रित

IndiePress

ISBN : 978-93-6045-708-2

प्रथम संस्करण : २०२५

इंडीप्रेस

नसादिया टेक्नोलॉजीज़ प्राइवेट लिमिटेड का एक प्रभाग

कोरमंगला, बैंगलोर

कर्नाटक - ५६००२९

http://indiepress.in/

संपादन : लिटरेरी कनेक्ट

प्रारूपण : पेजमैजिक

बुक कवर डिज़ाइन : शांखोसुभ्रो नाथ

पब्लिशिंग कंसलटेंट : रेचल फर्नांडेस

समर्पण

मेरी लेखनी समर्पित है उन सभी विद्वानों को जिनके संसर्ग में रह कर मैंने ज्ञान अर्जित किया, प्रेरणा पायी और लेखन के प्रति उत्साहित हुआ।

उन अनंत, अक्षय और अदम्य जीवन शक्तियों और अटूट दृढ़ इच्छाधारी प्रेरणादायक व्यक्तित्वों को समर्पित, जिन्होंने जीवन के तराजू पर कभी यह नहीं तोला की ईश्वर ने उन्हें क्या दिया और क्या छीन लिया।

मेरे पूज्य पिताजी की अच्युत जिजीविषा को समर्पित, जिन्होंने आईसीयू में रहकर भी देहावसान से दो दिन पूर्व तक अपनी रचनात्मकता और कृतित्व को विश्राम नहीं दिया।

मेरी माता जी को समर्पित जिनके अशिक्षित होने को परिवार ने कभी महसूस ही नहीं किया और जिनके विलक्षण ज्ञान व व्यवहार कुशलता ने संयुक्त परिवार को एक सूत्र में बाँधे रखा और न जाने कितनों को अपने साथ घर में रख कर परास्नातक स्तर तक की शिक्षा प्राप्त करने में सहायता की।

मेरी प्रिय पत्नी प्रमिला को समर्पित जिनके ज्ञान व शील ने, जिनके कोमल व मृदु व्यवहार ने मुझ जैसे उद्दण्ड व क्रोधी को संयत व शान्त रहना सिखाया।

बेटी और बेटे - अकांक्षा व युवराज के प्रति मेरा स्नेह और कृतज्ञता जिनके आदर और प्रेम के कारण मैं संयत व उचित व्यवहार के लिये प्रेरणा पाता रहा।

प्राक्कथन

हाथ की अंगुली में चुभा एक छोटा सा कांटा इतना दुख दे जाता है कि महीनों तक दर्द के कारण हम कुछ भी ना कर पाने की लाचारी से जूझते रहते हैं। बहुत से व्यक्तियों की जिंदगी में ऐसे भी हालत आए हैं कि किसी

का हाथ काटना पड़ा या किसी का पैर दुर्घटना में कट गया। कोई देखने में मजबूर है तो कोई सुन नहीं पाता।

फिर भी प्राकृतिक और दैवीय शक्तियाँ शारीरिक और मानसिक रूप से ऐसे व्यक्तियों को कुछ इस प्रकार से तैयार करती हैं कि साधारण स्वस्थ व्यक्तियों से भी जो असंभव हो, वो ऐसे मुश्किल कार्य करने मे सक्षम हो जाते हैं।

फंतासियों से इतर ऐसी अनेक सफलताओं की गाथाएं हमारे आसपास ही घटित होती रहती हैं जिनको एक सूत्र में पिरोने का कार्य प्रोफेसर त्यागी ने इस पुस्तक के माध्यम से किया है।

यह पुस्तक उन अनंत, अक्षय व अदम्य जीवन शक्ति और अटूट दृढ़ इच्छाधारी प्रेरणादायक व्यक्तित्वों को समर्पित है जिन्होंने जीवन की तराजू पर कभी यह नहीं तोला की ईश्वर ने उनको क्या दिया और क्या छीन लिया?

हमारे समाज में ऐसे अनेकों व्यक्तित्व है जिनको आदर्श मान कर आज के युवा वह सभी कार्य करने को प्रेरित हैं जिनके बारे में कभी खुद उन्होंने भी अपने को सक्षम नहीं समझा था।

ऐसे अनेकों सकारात्मकता से भरे व्यक्तित्व हमारे आस-पास ही उपस्थित हैं जिन्होंने अपनी अक्षमताओं के कारण किसी की दया पर आश्रित होना मंजूर नहीं किया। उन्होंने अपनी अदम्य इच्छा शक्ति के कारण न सिर्फ अपनी विकलांगता पर विजय पाई साथ ही जीवन की उन चुनौतियों पर भी विजय पाई जिसके कारण वे आज हमारे समाज में आदर्श हैं, अनुकरणीय हैं व आदरणीय हैं।

प्रोफेसर (कैप्टन) शशि भूषण त्यागी की यह पुस्तक ऐसे सभी व्यक्तित्वों को पाठकों के सामने लेकर आने का प्रयास है जिन्होंने अपने जीवन मंत्र को सार्थक करते हुए यह आदर्श वाक्य प्रस्तुत किया कि - “हार नहीं मानूँगा।”

मुझे पूरा विश्वास है कि पाठक इस पुस्तक में दिए गए प्रेरक प्रसंगों से उत्साहित होंगे और इनके माध्यम से स्वयं और अन्यों को भी जीवन में आने वाली समस्याओं से मुकाबला करने के लिए तैयार करेंगे।

: **मेजर जनरल (डाक्टर) गगन दीप बक्शी**,

सेना मेडल, विशिष्ट सेवा मेडल

अनुक्रम

हार नहीं मानूँगा

उसका बड़ा ही रौबीला व्यक्तित्व था।

सवा 6 फीट का बांका जवान सिख रेजिमेंट की वर्दी में बड़े ही स्मार्ट तरीके से आर्मी हॉस्पिटल के मुख्य द्वार से अंदर आ रहा था, जहाँ पर मैं अपने वार्षिक स्वास्थ्य परीक्षण के लिए आया हुआ था।

दो बटालियनों से शुरू हुई इस सिख रेजीमेंट की साधारण-सी टुकड़ी आज 19 नियमित पैदल सेना और दो रिजर्व बटालियनों की एक रेजिमेंट बन गई है। छठी बटालियन भारत के राष्ट्रपति भवन की औपचारिक बटालियन के रूप में कार्यभार संभालती है। बटालियन एक सैन्य इकाई है, जिसमें आम तौर पर एक हज़ार सैनिक होते हैं जिसकी कमान एक लेफ्टिनेंट कर्नल/कर्नल के पास होती है और इसे कई कंपनियों में विभाजित किया जाता है, जिनमें से प्रत्येक की कमान आम तौर पर एक मेजर या कैप्टन के पास होती है।

2018 के आँकड़ों के अनुसार, भारतीय सेना में १६% सिख सेवारत हैं। सिख रेजिमेंट, सिख लाइट इन्फेंट्री रेजिमेंट, जैक लाई (जम्मू एंड कश्मीर लाईट इन्फैन्ट्री), पैरा, पंजाब रेजिमेंट और अन्य बटालियनों में सिख सेवारत हैं, और इस प्रकार से भारतीय सेना में १६% सैनिक और 11% सिख अधिकारी हैं।

रेजिमेंट का 'युद्ध नारा' सिख धर्मग्रंथों से लिया गया है, जो है, **"बोले सो निहाल, सत श्री अकाल"**। सिख गुरुओं को शासक वर्गों के अन्याय और उत्पीड़न के खिलाफ खड़े होने और लड़ने की आवश्यकता महसूस

हुई। सिख निश्चित रूप से सर्वोच्च योद्धा होते हैं। उन्होंने जितने भी युद्ध लड़े, वे अकल्पनीय है। उन्होंने परिणामों की चिंता किए बिना बड़ी संख्या में सेना के खिलाफ लड़ाई लड़ी। सारागढ़ी का युद्ध विश्व भर में सिखों के अकल्पनीय साहस के बारे में जाना जाता है।

महाराजा रणजीत सिंह द्वारा निर्मित, सारागढ़ी फोर्ट 'लॉकहार्ट और फोर्ट गुलिस्तान' (जिसे फोर्ट कैवगनारी भी कहा जाता है) के बीच एक संचार टॉवर था। बाद में पश्चिमी सीमाओं की रक्षा के लिए अंग्रेजों ने उन पर कब्ज़ा कर लिया और उनका नाम बदल दिया था।

सारागढ़ी की लड़ाई ब्रिटिश भारतीय साम्राज्य और अफगान आदिवासियों के बीच लड़ी गई अंतिम लड़ाई थी। यह युद्ध उत्तर-पश्चिम सीमांत प्रांत (वर्तमान खैबर-पख्तूनख्वा, पाकिस्तान) में हुआ था। 12 सितंबर 1897 को, अनुमानित 12000-24000 ओरकज़ई और अफरीदी आदिवासी गोगरा के पास समाना सूक में देखे गए थे। इन्होंने सारागढ़ी के आसपास फोर्ट गुलिस्तान को फोर्ट लॉकहार्ट से अलग कर दिया। ब्रिटिश सैन्यदल में 36 सिख रेजिमेंट के मात्र 21 जाट सिख तैनात थे जिन पर 12000 अफगानों ने हमला किया था।

युद्ध सुबह 9 बजे शुरू हुआ और दोपहर 3:30 बजे समाप्त हुआ, जिसमें पूरी ब्रिटिश भारतीय सेना युद्ध में शहीद हो गई। सारागढ़ी की चौकी अफगानों के हाथों में चली गई।

21 सिखों ने वीरतापूर्वक अंतिम समय तक लड़ाई लड़ी और दुश्मन को भी उनकी जीत की भारी कीमत चुकानी पड़ी। लगभग 180 हमलावर किले के समीप मारे गए तथा अन्य 400 लोग पहाड़ी इलाक़े में ही मर गए।

हवलदार ईशर सिंह की वीरगति सारागढ़ी में हुई थी। उन्हें सारागढ़ी की लड़ाई में 10000-12000 पश्तून आदिवासियों के ख़िलाफ़ आख़िरी लड़ाई में रेजिमेंट का नेतृत्व करने के लिए जाना जाता है, जिसमें उनके साथ सिर्फ़ 20 अन्य लोग थे। काफ़ी प्रतिरोध झेलने के बाद, ईशर सिंह अकेले लड़ रहे थे, लेकिन उन्होंने आत्मसमर्पण करने से इनकार कर दिया और बाकी लोगों के साथ मिलकर अपनी वीरगति पाने तक लड़ते रहे। हवलदार ईशर सिंह की पेंटिंग सिख रेजिमेंट में बड़े आदर और गर्व से लगाई जाती है।

कई सेना इतिहासकारों का तो यहाँ तक मानना है कि सारागढ़ी का युद्ध, वीरगति पाने से पहले लड़े गए इतिहास के महान युद्धों में से एक है। बाद में उन सभी 21 सैनिकों को उनके अदम्य साहस और बहादुरी के लिए ब्रिटिश साम्राज्य द्वारा मरणोपरांत उस समय के सर्वोच्च वीरता पुरस्कार 'इंडियन ऑर्डर ऑफ़ मेरिट' से नवाज़ा गया था।

1897 के सारागढ़ी के युद्ध में हज़ारों अफगान कबायलियों से लोहा लेने वाले 20 सिख सैनिकों के नेता हवलदार ईशर सिंह की प्रतिमा का ब्रिटेन में सितंबर 2021 में अनावरण किया गया। कांसे की 10 फुट ऊँची यह प्रतिमा सारागढ़ी के युद्ध में शहीद होने वाले नायकों के सम्मान में बनने वाला ब्रिटेन का पहला स्मारक है। छह फुट के चबूतरे पर बनी इस प्रतिमा को इंग्लैंड के वॉल्वरहैम्प्टन के वेडन्सफ़ील्ड में स्थापित किया गया है। सारागढ़ी के इस पूरे स्मारक के कई हिस्से हैं। इसमें आठ मीटर की एक स्टील प्लेट भी शामिल है जिस पर पहाड़ और रणनीतिक चौकी के साथ-साथ यादगार शब्दों को भी उकेरा गया है। उसी स्मारक पर कांसे की यह प्रतिमा भी स्थापित है।

दूर से ही इसी आदरणीय 'हवलदार ईशर सिंह' सरीखे उस सिख रेजीमेंट के जवान की जो बात सबसे ज़्यादा आकर्षित करती थी वह यह थी कि वह वर्दी में इस प्रकार से शोभित था कि जैसे उसका जन्म ही सेना की वर्दी की शोभा बढ़ाने के लिए हुआ हो।

चित्रकार सरदार शोभा सिंह ने सिख सैनिक बाने में पूज्य गुरुओं की कई पेंटिंग बनाई हैं जिन में गुरुओं का चारित्रिक तेज और आध्यात्मिक शक्ति का प्रकाश, साथ ही उनके सैनिक गणवेष में ओज स्पष्ट लक्षित होता है।

इस सैनिक को आते हुए देख कर मेरे जहन में शोभा सिंह की पेंटिंग ताज़ा हो गई थी। मैं उसके कदमों में सिंह के गर्व और हाथी के मद को स्पष्ट रूप से देख रहा था। जब वह मेरे निकट आया तो उसने मुझे सैल्यूट किया और आगे बढ़ गया। उसके सैल्यूट ने मुझे जैसे नींद से झकझोर कर जगा दिया। अभी तक तो मैं उसकी चाल और ढाल को दूर से देख कर बड़ा प्रभावित हो रहा था। अब क्या हुआ कि मैं उसके सैल्यूट का उत्तर भी नहीं देना चाह रहा था, वो क्या था जो मुझे पसंद नहीं आ रहा था? ज़रूर कुछ तो था जो जँच नहीं रहा था।

अभी कुछ महीने पहले ही मैंने मेरठ के बस-स्टैंड पर एक कैप्टन की वर्दी पहने हुए अधिकारी को रोक लिया था और बुरी तरह से डाँटा था क्योंकि वह बिना पॉलिश किए हुए जूते और बड़ा ही गंदा ब्रीफ़केस लेकर बस की तलाश में इधर-उधर दौड़ रहा था। अधिकारी को ऐसा व्यवहार विशेष रूप से सैन्य वर्दी में सार्वजनिक स्थान में शोभा नहीं देता है और इसीलिए मैंने उसको रोक कर डाँट लगाई थी। इसके बाद हुए वार्तालाप

में जब मुझे उसके अधिकारी होने पर ही शंका हुई तो मैंने उसका परिचय पत्र माँगा । क्योंकि मैं उस वक़्त मात्र लेफ्टिनेंट ही था और स्वयं भी वर्दी में नहीं था इसलिए मैंने पहले अपना परिचय पत्र उसको दिखाया।

सैनिक अधिकारियों के शिष्टाचार के अनुसार अगर कोई अधिकारी अपना परिचय पत्र दिखाता है तो समक्ष अधिकारी को भी अपना परिचय पत्र दिखाने की बाध्यता होती है। इसी कारण से मैंने अपेक्षा की थी कि वह कैप्टन रैंक धारी अधिकारी भी अपना परिचय पत्र निश्चित रूप से दिखा देगा। ऐसा न होने पर मैंने स्पष्ट रूप से बड़े सख़्त तरीके से उसका परिचय पत्र माँगा और उसे ध्यान से देखने पर शंका हो गई तो वहीं पर मौजूद कोर ऑफ मिलिट्री पुलिस के हवलदार को बुला कर इस कप्तान को फ़र्ज़ी बताते हुए गिरफ़्तार करने का आदेश दिया।

आगे की जाँच में यह व्यक्ति फ़र्ज़ी सैन्य अधिकारी के रूप में पाकिस्तान का जासूस निकला और उसके पास से एक और फ़र्ज़ी परिचय पत्र प्राप्त हुआ। इस प्रकरण में मेरे कमांडिंग ऑफिसर ने मुझको वीरता पुरस्कार के लिए उपयुक्त पाते हुए मेरा साइटेशन जीओसी के पास सेना मेडल की अनुशंसा करते हुए भेज दिया था।

इस प्रकरण से मैं इस समय काफ़ी उत्साहित महसूस कर रहा था। शायद कुछ ज़्यादा ही उत्साहित महसूस कर रहा था। यही कारण था कि जब यह सिख जवान मेरे नज़दीक से सैल्यूट करते हुए गुज़रा तो उसका तौर-तरीका मुझे अच्छा नहीं लगा। उसने सैल्यूट करते समय उल्टे हाथ का प्रयोग किया था जबकि सैल्यूट में सीधे हाथ का प्रयोग किया जाता है और यही नहीं, सैल्यूट करते समय उसने अपने सर को भी बाईं ओर

थोड़ा झुकाया था। सही ट्रेनिंग पाए किसी भी सैनिक से और विशेष रूप से सिख रेजीमेंट के सैनिक से तो ऐसी कतई भी उम्मीद नहीं थी।

गणतंत्र दिवस की परेड में सिख रेजीमेंट के मार्चिंग कंटिजेंट को साल-दर-साल बेस्ट मार्चिंग कंटिजेंट का पुरस्कार मिलता रहा है। इसी कारण से मुझे सिख जवान का यह ढीला-ढाला सैल्यूट अस्वीकार्य था और उसका कृत्य अक्षम्य।

मैं तत्काल ही पीछे मुड़ा और इस जवान को रोकने और डाँटने के लिए आवाज़ लगाने ही वाला था कि तभी मेरी निग़ाहों ने कुछ देखा और मैं सन्न रह गया। मैंने जो देखा उसके बाद क्रोध का भाव सम्मान में बदल गया और मेरा कंठ अवरुद्ध हो गया। अब उसको सैलूट करने की मेरी बारी थी।

कलाई तक कटे हुए सीधे हाथ को वह अपनी सीधी बगल में दबाए हुए सिंह के भाव से चलता हुआ जा रहा था और अवश्य ही उसको गंभीर पीड़ा हो रही होगी परंतु फिर भी उसे यह एहसास और कर्तव्य बोध बना रहा कि एक अफसर को देख कर भले ही उल्टे हाथ से, पर सैल्यूट करने का ध्यान उसको बना रहा।

इस घटना को चार दशक से अधिक हो गए परंतु मन में उस सैनिक की जिजीविषा, उत्कृष्ट सैन्य प्रशिक्षण, उत्कट सम्मान भाव और दृढ़ इच्छाशक्ति को याद करके मन में उसके प्रति बार-बार सम्मान की भावना आती है और यह विश्वास भी कि अशक्तता शरीर में नहीं मन में होती है।

हार नहीं मानूँगा,

रार नहीं ठानूँगा।

काल के कपाल पर लिखता मिटाता हूँ।

गीत नया गाता हूँ।

1.

मेजर अशोक कुमार सिंह, कीर्ति चक्र, सेना मेडल

एक पैर पर घूम ली सारी दुनिया ... केवल एक पैर वाला एक सेना का अफसर अपनी पागल महत्वाकांक्षा से प्रेरित होकर, एक नौका पर सवार होकर दुनिया का चक्कर लगाने निकल पड़ता है और गंभीर शारीरिक

एवं प्राकृतिक चुनौतियों के बावजूद वह सफल भी हो जाता है, ऐसा सफल कि सभी को उस पर गर्व है। आज तक उसके कीर्तिमान को कोई नहीं तोड़ पाया है।

सुबह सवेरे कितने युवा लोग हैं, जो बिस्तर से उठकर घर के सामने पार्क में घूमने जाते हैं? कितने लोग हैं जो पार्क तो जाते हैं, पर वहाँ के घूमने के रास्ते का पूरा चक्कर भी नहीं लगाते? कभी सरदर्द, कभी पैर का दर्द, और कभी नींद का आना। न जाने कितने बहाने लोग प्रयोग करते हैं ताकि उन्हें वह काम करने से छुटकारा मिल जाए, जो उनके लिए फायदेमंद होता है। यह तो उनका हाल है जो शारीरिक रूप से पूर्णतया सक्षम हैं।

लेकिन जो शारीरिक रूप से अशक्त हैं, उन्हें तो शायद किसी बहाने की ज़रूरत ही नहीं है।

मेजर अशोक कुमार सिंह, कीर्ति चक्र, सेना मेडल, एक पाल नौका में दुनिया भर में यात्रा करने वाले पहले विकलांग नाविक हैं। 1987 में, भारत सरकार ने उनकी उपलब्धियों के लिए पूरे दल के लिए पुरस्कारों की घोषणा की। मेजर सिंह तृष्णा अभियान के सदस्य हैं, जिसमें पहली बार भारतीयों ने समुद्र में जाने वाली नौका पर सम्पूर्ण विश्व की यात्रा की। तृष्णा एक स्वान 37 क्लास नौका है, जिसका स्वामित्व भारतीय सेना के कोर ऑफ इंजीनियर्स के पास है।

वह एक प्रसिद्ध पुस्तक के लेखक हैं, जिसका नाम है “बियॉन्ड होराइजन्स: अराउंड द वर्ल्ड इन ए सेलिंग बोट।” यह एक मनोरंजक रोमांचकारी कथा है, जो यात्रा के शानदार अनुभव को समेटे हुए है। इसे उनके हथियारों के साथियों और सेना के अनुभवों के दिलचस्प किस्सों से भी

सजाया गया है। मैं पुस्तक और रोमांच प्रेमियों को सलाह दूँगा कि वे अपनी प्रति ले लें और इसे एक ही बार में समाप्त कर दें।

साहसिक अभियानों के प्रेमी मेजर सिंह को वीरता के लिए भारत के दूसरे सर्वोच्च पुरस्कार - कीर्ति चक्र के साथ-साथ कर्तव्य के पथ में अनुकरणीय साहस प्रदर्शित करने के लिए सेना पदक से भी सम्मानित किया गया है। 1994 में उन्हें साहसिक कार्य के लिए भारत के राष्ट्रपति द्वारा "तेनज़िंग नोर्गे राष्ट्रीय पुरस्कार" से सम्मानित किया गया, जो उस श्रेणी में देश का सर्वोच्च पुरस्कार है।

1954 में जन्मे मेजर सिंह ने 1966 में राष्ट्रीय भारतीय सैन्य कॉलेज (आरआईएमसी), देहरादून में दाखिला लिया और फिर दिसंबर 1969 में राष्ट्रीय रक्षा अकादमी (एनडीए) के लिए अर्हता प्राप्त की। उन्होंने 43वें कोर्स की पासिंग-आउट-परेड के दौरान एनडीए परेड की कमान संभाली, और समग्र रूप से सर्वश्रेष्ठ कैडेट चुने जाने के लिए उन्हें राष्ट्रपति के स्वर्ण पदक से सम्मानित किया गया। उन्हें भारतीय सैन्य अकादमी (आईएमए) में 'स्वोर्ड ऑफ ऑनर' (सर्वश्रेष्ठ समग्र कैडेट होने के लिए) और राष्ट्रपति का स्वर्ण पदक (शैक्षणिक उत्कृष्टता के लिए) प्राप्त हुआ।

1982 में थाईलैंड में एशियाई विंडसर्फिंग चैम्पियनशिप में स्वर्ण पदक विजेता, मेजर सिंह ने उसी वर्ष गोवा में अंतर्राष्ट्रीय ओपन विंडसर्फिंग चैम्पियनशिप में कांस्य पदक भी जीता। इससे पहले, उन्होंने 1972 में म्यूनिख में यूथ ओलंपिक, कील (जर्मनी) में यूरोपीय विंडसर्फिंग चैंपियनशिप और माल्मो (स्वीडन) में नॉर्डिक चैंपियनशिप में भारत का प्रतिनिधित्व किया था। दुर्भाग्यवश, 1983 में एक पैराग्लाइडिंग दुर्घटना के बाद उन्होंने अपना बायां पैर खो दिया था।

‘तृष्णा’ नाम का संस्कृत में अर्थ है “प्यास”।

एक पाल नाव में इस प्रकार की पहली भारतीय जलयात्रा 1985-1987 में भारतीय सेना की कोर ऑफ इंजीनियर्स के अधिकारियों की एक टीम द्वारा 1970 की पुरानी स्वान 37 स्लोप नौका तृष्णा पर की गई थी।

इस अभियान के दौरान एक समय ऐसा आया जब उनकी नौका को जबरदस्त झटका लगा और उनके कृत्रिम पैर के टूटने से एक दबी हुई दरार पड़ गई। जब तृष्णा उफनते समुद्र में बह रही थी, तो उन्होंने रेलिंग पकड़ ली। अचानक ही नौका ज़ोर से एक ओर लुढ़क गई और पानी के अंदर इतनी गहराई तक चली गई कि कुछ क्षणों के लिए लगा कि वह पूरी तरह से नीचे तक चली जाएगी, लेकिन चमत्कारिक ढंग से, वह फिर से ऊपर आ गई।

उन्होंने उसी समय मन में सोचा कि उनके सपनों का अंत अब ज्यादा दूर नहीं हो सकता। वे सब घर से हज़ारों मील दूर, अथाह समुद्र के गर्त में अपने-अपने सपने लेकर चले जाएंगे। यह विचार आ रहा था कि इस परिस्थिति में शायद सबसे अच्छी बात यह होगी कि नींद को अपने ऊपर हावी होने दिया जाए। हाइपोथर्मिया और मृत्यु जल्द ही आ जाएगी। आखिरकार, वे कैसे यह कल्पना कर सकते थे कि केवल एक पैर के साथ, वे दुनिया भर में नौकायन कर सकते हैं?

मेजर अशोक ने राष्ट्रीय रक्षा अकादमी, पुणे में एक सेना कैडेट के रूप में नौकायन शुरू किया था। कई राष्ट्रीय स्तर के रेगाटा के बाद, वे इसमें पहले से भी बेहतर हो गए थे। बाद में उन्होंने कई अंतरराष्ट्रीय प्रतियोगिताओं में भी भारत का प्रतिनिधित्व किया।

लगभग 10 साल पहले, 1978 में, जब उन्होंने दो अन्य सैन्य अधिकारियों के साथ, बंदर अब्बास, ईरान से बंबई तक, 18 फुट लंबी नाव को सफलतापूर्वक पूरा किया था, तब एक सेल-बोट में दुनिया का चक्कर लगाने का सपना उनके मन में आया था। दरअसल, उस समय स्वयं उन्हें यह इतनी पागलपन भरी महत्वाकांक्षा लग रही थी कि काफी समय तक इसके बारे में किसी को बताया तक नहीं।

अरब सागर में कुछ हज़ार किलोमीटर की दूरी तय करना जितना आसान नहीं है, उतना विश्व की परिक्रमा करना भी नहीं है!

उनके अंतर्मन में प्रश्न था, "कोई इसे कैसे कर सकता था? उत्कृष्टता के लिए अपनी खोज जारी रखना, मैं कहाँ से शुरू करूँगा?"

ब्रिगेडियर एच.के. 'हैरी' कपूर, सेना में नौकायन के संस्थापकों में से एक थे और वे इनसे मिले और योजना बनाने में जुट गए। शुरुआत के लिए, वे नाव के डिजाइन, निर्माण और समुद्री नौकायन पर किताबों से भरे दो सूटकेस लिए और 20 दिन की छुट्टी पर लखनऊ चले गए। उनकी योजना का मूल ताना-बाना अक्टूबर और नवंबर 1978 में कई दिनों और रातों के विचार-मंथन के बाद बुना गया था।

1979 की शुरुआत में, योजना को अंतिम रूप दिया गया। चालक दल में तय हुआ कि मेजर सिंह सहित 10 सैन्य अधिकारी शामिल होंगे, और किसी भी समय नाव पर छह लोग होंगे। वे इंग्लैंड में जहाज खरीदेंगे और उसे भारत लाएंगे जिससे मूल्यवान समुद्री-नौकायन अनुभव प्राप्त होगा। बंबई में नाव की पूरी तरह से मरम्मत करने और आपूर्ति जमा करने के बाद, हम पश्चिम की ओर चलेंगे।

ब्रिगेडियर "हैरी" कपूर ने योजना को सामान्य माध्यमों से रखा। और फिर शुरू हुआ इंतज़ार का एक लंबा दौर। मंजूरी मिलने में लगभग छह साल लग गए। दुनिया भर में यात्रा करने में दल को जो समय लगा, वह लगभग पाँच गुना था।

उन छह वर्षों के दौरान बहुत कुछ हुआ। चूंकि किसी को नहीं पता था कि मंजूरी में कितना समय लगेगा, इसलिए मेजर अशोक ने अपना कुंवारापन खत्म करने का फैसला किया। 1980 में उनकी शादी ग्वालियर के एक गर्ल्स कॉलेज में लेक्चरर आशा से हुई।

फिर कुछ ऐसा हुआ कि उनके सारे सपने लगभग खत्म हो गए। मार्च 1983 में, हैंग-ग्लाइडिंग करते समय, वे एक चट्टान से टकरा गए। उनके पैर, हाथ और जबड़े में फ्रैक्चर हो गया। उन्हें अस्पताल ले जाया गया, जहाँ उनकी बायीं जांघ में स्टील की रॉड डाल दी गई।

एक पखवाड़े बाद, उसी पैर में गैंग्रीन हो गया, और तब उनकी जान बचाने के लिए पैर को तुरंत घुटने के ऊपर से काटना पड़ा। समय पर उन्हें एक कृत्रिम पैर लगाया गया, जो आज के मानकों के हिसाब से काफी निम्न स्तर का था।

ऐसे समय में जब अन्य लोग चिंता करते हैं कि साधारण प्रकार से वे कैसे चल पाएंगे, मेजर ए. के. सिंह के खयालों में तो कुछ और ही चल रहा था।

वे सोच रहे थे, "भला मैं, केवल एक अच्छे पैर के साथ, नाव के गीले और फिसलन वाले डेक पर कैसे खड़ा हो सकता हूँ, क्योंकि नाव तूफानी समुद्र में सदैव ही इधर-उधर हिलती-डुलती और घूमती रहती है?"

वह इस चिंता के बारे में खुद ही बताते हैं कि, "थोड़ी देर के लिए, मुझे यह कबूल करना ही पड़ा कि मैं रॉक-बॉटम पर पहुँच गया हूँ। लेकिन धीरे-धीरे मैं ठीक हो गया और मन भी स्थिर हो गया। मैंने कृत्रिम अंग के साथ खड़े होने और चलने की कष्टदायक दिनचर्या शुरू की। जब मैंने छड़ी लेने से इनकार कर दिया, तो मुझे चेतावनी दी गई कि मैं गिर जाऊँगा । इससे मुझे कोई परेशानी नहीं हुई।"

"मैं जिस दौर से गुजरा था, उसके बाद फर्श पर गिरना भला क्या था? मैंने हैरी को लिखा था कि मैं अक्टूबर तक कार्यशील हो जाऊँगा और अभी भी पूरी शिद्दत के साथ दुनिया भर की यात्रा के लिए जाने का इच्छुक हूँ।"

टीम को यात्रा के लिए आधिकारिक मंजूरी अंततः जून 1984 में मिली। एक महीने बाद, चालक दल के प्रबंधक कर्नल टी.पी.एस. चौधरी और मेजर अशोक इंग्लैंड के लिए उड़ान भर गए। उनका काम एक उपयुक्त नाव का चयन करना और मुंबई वापस जाने के लिए जमीन तैयार करना था, जबकि कर्नल चौधरी का काम चालक दल के लिए वहाँ कुछ सप्ताह के प्रशिक्षण की व्यवस्था करना था।

11 मीटर लंबी, फ़ाइबरग्लास स्लोप, 'गाइनवेर ऑफ ससेक्स' के अंतिम चयन से पहले उन्होंने 400 से अधिक नावों का निरीक्षण व परीक्षण किया था। उस नौका की सुंदर रेखाएँ एक मजबूत और लचीले शरीर को छुपाती थीं। उसका एक सुखदायक आसमानी नीला रंग था, जिसमें सफेद केबिन की छत और सागौन जड़े डेक थे। एक नाविक के लिए तो वह शुद्ध निर्मल आनंद थी।

'गाइनवेर' निवारक रख-रखाव (प्रिवेंटिव मैंटीनेंस) में थोड़ा पीछे था, इसलिए वे लोग उसकी कीमत £28,000 [1984 में लगभग 5-6 लाख रुपये] तक नीचे लाने में सफल रहे थे – लगभग उनके अनुमोदित बजट के भीतर। चालक दल के अन्य सदस्य - कप्तान मेजर के.एस. राव, मेजर ए.पी. सिंह, कैप्टन संजीव शेखर और चंद्रहास भारती ने उड़ान इंग्लैंड के लिए भरी और तत्काल सबने समुद्र में जाने वाली नाव को संभालने का अपना प्रशिक्षण शुरू किया।

शायद देवताओं ने चालक दल की पाल-नौका की पहली ही प्रशिक्षण यात्रा पर उनकी परीक्षा लेने का निर्णय ले लिया।

उनके रवाना होने के तुरंत बाद, विपरीत हवाएँ 40 समुद्री मील [लगभग 75 किमी प्रति घंटे] तक बढ़ गईं। 15 घंटों तक, ठिठुरते हुए, गीले और समुद्र में डूबते हुए, वे सब एक व्यस्त शिपिंग चैनल (धारा) पर बातचीत करते हुए, एक चाँदनी रात में, उथले और चट्टानों वाले पानी में नौकायन करते रहे।

जैसे ही तेज़ हवाएँ चलने लगीं, हमारे अंग्रेजी नौकायन 'गुरु' ने कहा, "हम में से किसी को मुख्य पाल को रीफ़ करने की ज़रूरत है [पाल के क्षेत्र को कम करने की प्रक्रिया, जिसे आमतौर पर कैनवास के एक किनारे को मोड़कर या रोल करके किया जाता है]।"

उन्होंने जैसे ही इसकी प्रतिक्रिया में गीले डेक पर चारों हाथों-पैरों पर बेतहाशा उछलते हुए मस्तूल की ओर बढ़ना शुरू किया, तो किसी को चिल्लाते हुए सुना, "ए. के. आप नहीं।"

"क्यों नहीं?"

उन्होंने भीषण आँधी के बीच अपना जवाबी हमला किया और मस्तूल पर टिकी अपनी जीवनरेखा को दांव पर लगाकर तूफान का सामना करते हुए खुद को उस काम में लगा दिया। और भगवान की कृपा से, उन्होंने यह काम सफलता पूर्वक किया।

इस प्रकार, वह पहली पाल नौका की यात्रा उनके लिए एक ईश्वरीय उपहार साबित हुई।

मेजर अशोक सिंह का आत्म-विश्वास अब दोगुना हो गया था, और वो कहते हैं, "मुझे अपने अंदर आत्मविश्वास की एक चमक महसूस हुई। यदि मैं तूफ़ान में मुख्य पाल को जोड़ सकता हूँ, तो मैं नाव को भी चला सकता हूँ।"

चूंकि वह एक पूर्व-प्रयुक्त नाव थी, इसलिए 'गाइनवेर' को बंबई जाने के लिए तैयार करने के लिए बहुत सारी मरम्मत और रखरखाव की आवश्यकता थी। इसलिए, उसे पानी से बाहर निकालने के बाद, दल ने अपना काम ईमानदारी से शुरू कर दिया।

उन्होंने अब उस नौका का नाम तृष्णा रख दिया, जिसका अर्थ है किसी मायावी या अप्राप्य चीज़ को हासिल करने की गहरी इच्छा।

भारत रवाना होने से पहले के व्यस्त सप्ताह तेजी से बीत गए। आख़िरकार, 12 अक्टूबर को 'तृष्णा' गोस्पोर्ट नामक जेट्टी में अपने घाट से, किनारे पर एक अंग्रेजी बैगपाइपर की मार्शल धुनों पर मंथर गति से स्वेज नहर के रास्ते अपने नए घर की ओर चलने लगी।

सभी जल्दी से अपनी दिनचर्या में लग गए। दो-दो आदमियों की दो टोलियाँ बनाई गईं। एक टोली नाव की देखरेख करेगी और उसे अगले

जोड़े को सौंपने से पहले चार घंटे तक नाव को चलाएगी, जबकि पाँचवाँ आदमी जहाज़ की सफ़ाई करेगा, सारा खाना पकाएगा और तैयार रहेगा। कप्तान का काम यह देखना था कि हम सभी अपना काम करें।

समुद्र में पहले कुछ दिनों के लिए, मेजर अशोक ने अपने कृत्रिम पैर और अपने तूफान-सूट को हटाने और संग्रहीत करने के विभिन्न तरीकों का प्रयोग किया, ताकि वे उन्हें कम से कम समय में वापस पहन सकें। अंततः, उस कृत्रिम पैर को उन्होंने अधिकांश समय, यहाँ तक कि रात में भी लगाए रखा, केवल दिन के समय जब वे निगरानी-ड्यूटी से मुक्त होते थे, तब उसे हटाते थे।

अक्टूबर की शाम को, सब ने खराब मौसम का रेडियो पूर्वानुमान सुना और उसके तुरंत बाद तूफान आ गया। लहरों ने नाव को झटका दिया और कभी-कभी यह 80 डिग्री तक झुक गई। हालाँकि तूफ़ान जल्द ही थम गया, लेकिन बाढ़ और कटान जारी रही।

31 अक्टूबर को, वे स्पेनिश और पुर्तगाली रेडियो चैनलों पर इंदिरा गांधी का नाम सुनते रहे। जिब्राल्टरपहुँचने पर ही उन्हें श्रीमती इंदिरा गांधी की हत्या के बारे में बीबीसी बुलेटिन प्राप्त हुए। वे भारत के झंडे को आधा झुका कर जिब्राल्टर बंदरगाह से रवाना हुए।

वे जिब्राल्टर में ऑफिसर्स मैस में रुके थे और वहाँ की बुनियादी सुविधाएँ - एक गर्म स्नान, पौष्टिक भोजन, साफ चादरों के बीच पूरी रात की नींद और एक वास्तविक, पूर्ण आकार के बिस्तर पर हाथ-पैर को ढकने वाले कंबल आदि हद से ज्यादा संतुष्टिदायक थे।

भूमध्य सागर में कुछ रुकने के बाद, नौका स्वेज़ नहर से गुज़री। अदन, यमन तक के पूरे 10 दिवसीय मार्ग में दक्षिणी लाल सागर अशांत था, प्रतिकूल हवाओं, खतरनाक अचिह्नित चट्टानें, मजबूत प्रतिकूल धाराएँ और व्यस्त शिपिंग लेन – सभी उनके नौकायन की कुशलताओं को चुनौती दे रहे थे।

लगातार विशाल लहरों से धुलने के कारण सबकी आँखें दुखने लगी थीं और खारे पानी से लाल हो गई थीं। नमक ने सभी के चेहरों की सिलवटों को ढक दिया, और उनकी नाक और गले में गहराई तक समा गया। सभी की जीभें सूजी हुई थीं और होंठ सफेद थे।

सबकी भूख गायब हो गई - फलों के कॉकटेल का आधा किलो का टिन अक्सर छह लोगों के दल के लिए पर्याप्त होता था, लेकिन उल्टी होने के डर से दल में से प्रत्येक एक चम्मच से अधिक नहीं लेना पसंद करते थे।

अदन के सीमैन क्लब में दल के सदस्यों ने अपने शरीर से सारा नमक धोया, साफ किया और लंबे समय के बाद एक विलासितापूर्ण स्नान किया। कुछ समय बाद, सभी ने यह महसूस करने के लिए शहर में सैर की, यह जानने के लिए कि कठिन समुद्री सफर के बाद फिर से ज़मीन पर चलना कैसा होता है।

अदन छोड़ने के बाद समतल और शांत समुद्र ने सभी को चिंतित कर दिया था। वे चाहते थे कि वे तेजी से आगे बढ़ें। उनकी पत्नी आशा इस समय एक दूसरे बच्चे की उम्मीद कर रही थी, जो 10 फरवरी को होने वाला था।

अब दल को ऑल इंडिया रेडियो की समाचार आवृत्ति प्राप्त होने लगी थी। इससे सबको अन्यथा भटकाव वाले अस्तित्व में जुड़ाव का एहसास हुआ।

26 जनवरी, भारत के गणतंत्र दिवस पर, दल ने कर्तव्यनिष्ठा से तिरंगा फहराया, और पाँच दिन बाद, तृष्णा बंबई बंदरगाह के लिए रवाना हुई। इस प्रकार, वे पहले भारतीय थे जिन्होंने यूरोप से घर तक की यात्रा नाव पर की थी।

उनके पहुँचने के कुछ दिन बाद एक सम्मान समारोह का आयोजन किया गया। मेजर ए. के. सिंह की पत्नी आशा ग्वालियर में थीं। वे बताते हैं कि, "मैंने उसका हालचाल पूछने के लिए उसे फ़ोन किया। उसका नरम, फिर भी कुछ हद तक ठंडा और उदासीन सा जवाब था, 'मत आओ, मैं खुद ही प्रबंधन कर लूंगी।'", मुझे तब एहसास हुआ कि वह कितनी अकेली थी और मैं कितना स्वार्थी था।

उन्होंने तत्काल ग्वालियर के लिए अगली फ्लाइट पकड़ी। उनकी दूसरी बच्ची का जन्म 9 फरवरी 1985 को हुआ।

जल्द ही, दुनिया भर में यात्रा की तैयारी शुरू करने का समय आ गया। लेकिन क्या वे सब सचमुच ऐसा चाहते थे?

अपनी पत्नी आशा से उनका कहना था, "चूंकि मैंने इसे शुरू किया है, इसलिए मुझे इसे पूरा करना होगा। अगर मैंने ऐसा नहीं किया, तो यह मुझे जीवन भर परेशान करता रहेगा।"

परंतु हर किसी को एक जैसा महसूस नहीं हुआ। अंत में, उन में से चार - के. एस., भारती, शेखर और स्वयं मेजर सिंह ने एक स्थायी दल का

गठन किया। छह अन्य - टिप्सी, ए.पी. और चार अन्य सैन्य अधिकारी जिन्होंने स्वेच्छा से काम किया था - कैप्टन राकेश बस्सी, सेकेंड लेफ्टिनेंट नवीन आहूजा और मेजर सुरेंद्र माथुर और अनिमेष भट्टाचार्य को प्रत्येक रास्ते का लगभग एक तिहाई भाग तय करना था, ताकि, किसी भी समय, तृष्णा पर छह कर्मचारी तैनात रहेंगे।

दुनिया भर में यात्रा के लिए नाव तैयार करना यात्रा जितनी ही एक चुनौती है। पुरानी सेना की कहावत 'जितना अधिक आप शांति में पसीना बहायेंगे, युद्ध में आपका खून उतना ही कम होगा' यहाँ भी सच है।

तृष्णा के प्रत्येक उपकरण का परीक्षण और मरम्मत की गई। अतिरिक्त पानी की टंकियाँ लगाई गईं। पतवार सूख गया था और नीचे बिखर गया था; एपॉक्सी राल के कोट लगाए गए और ऊपर से एंटी-फाउलिंग पेंट लगाया गया। एक नया 100 वाट, उच्च आवृत्ति रेडियो सेट स्थापित किया गया।

सभी महत्वपूर्ण नाव उपकरण और खाद्य भंडार इस तरह से रखे गए थे कि उन्हें अंधेरे में भी जल्दी से पकड़ा जा सके। और उन्हें पुणे के विश्वविख्यात सेना कृत्रिम अंग केंद्र से एक नया कृत्रिम पैर मिला।

अंततः, 28 सितंबर को, तृष्णा को उसके सभी रंग-बिरंगे झंडों से सुसज्जित करके घाट पर लाया गया। जब वे अपने परिवार को अलविदा कह रहे थे, तो मन में विचार था कि क्या वे उन्हें फिर कभी देख पाएंगे?

लेकिन वह लौटे ... आत्मविश्वास से लबरेज और विश्व विजय की कीर्ति पताका अपने हाथ में लिए।

एक अदम्य जिजीविषा के साथ और उत्कट इच्छा शक्ति के दम पर, उन्होंने दुनिया को विजय कर लिया था मात्र एक पैर के साथ।

उनकी यश-गाथा परिचायक है कि अगर तय कर लिया तो सब कुछ संभव है।

2.

चित्रसेन साहू

सपने लिए निगाहों में,
चला हूँ तेरी राहों में,
ज़िंदगी आ रहा हूँ मैं।

कई यादों के चेहरे हैं,
कई किस्से पुराने हैं,

तेरी सौ दास्तानें हैं,
तेरे कितने फ़साने हैं,
मगर एक वो कहानी है, जो अब मुझको सुनानी है,
ज़िन्दगी आ रहा हूँ मैं।

मेरे हाथों की गरमी से,
पिघल जायेंगी ज़ंजीरें,
मेरे कदमों की आहट से,
बदल जायेंगी तक़दीरें,
उम्मीदों के दिये लेकर, ये सब तेरे लिए लेकर,
ज़िन्दगी आ रहा हूँ मैं।

***

यह छत्तीसगढ़ के एक ऐसे व्यक्ति की कहानी है, जिसके हौसले ने सभी को हैरान कर दिया है। एक दुर्घटना के बाद 30 वर्षीय चित्रसेन के दोनों पैर काट दिए गए थे, फिर भी उन्होंने जीवन में हार नहीं मानी और अपने कृत्रिम पैरों की मदद से महाद्वीप के सात सबसे ऊँचे पहाड़ों में से चार पर विजय प्राप्त की। उनका सपना अब दुनिया की सभी सात सबसे ऊँची चोटियों पर चढ़कर तिरंगा फहराने का है।

छत्तीसगढ़ के हाफ ह्यूमन रोबो कहे जाने वाले चित्रसेन साहू ने तब बड़ी कामयाबी हासिल की जब उन्होंने माइनस 30 डिग्री सेल्सियस में साउथ अमेरिका महाद्वीप की सबसे ऊँची चोटी माउंट एकांकागुआ फतह की। चित्रसेन साहू इस प्रकार देश के पहले पर्वतारोही बने, जिन्होंने दोनों कृत्रिम पैरों से दुनिया के सात महाद्वीपों में से चार महाद्वीपों की सबसे ऊँची चोटियों को फतह किया है।

आज पर्वतारोही चित्रसेन साहू की इस मुश्किल सफ़र की कहानी कम लोग जानते हैं। दरअसल, छत्तीसगढ़ के पर्वतारोही चित्रसेन साहू ने कई बार नेशनल रिकॉर्ड कायम किए हैं। कृत्रिम पैरों की मदद से दक्षिण अमेरिका महाद्वीप की सबसे ऊँची चोटी माउंट एकांकागुआ पर विजय प्राप्त की है, जिसकी ऊंचाई 6962 मीटर यानी 22,841 फीट है, जो अर्जेंटीना में स्थित है।

चित्रसेन साहू ने 'मिशन इंक्लूजन' यानी "अपने पैरों पर खड़े हैं" नामक मिशन के तहत दक्षिण अमेरिका महाद्वीप की सबसे ऊँची चोटी माउंट एकांकागुआ फतह की। चित्रसेन का यह सफर बेहद मुश्किलों से भरा था। सांसों को बर्फ बना देने वाली ठंड में चित्रसेन साहू ने अपनी ट्रैकिंग पूरी की। दक्षिण अमेरिका महाद्वीप की सबसे ऊँची चोटी माउंट एकांकागुआ एशिया महाद्वीप के बाहर विश्व की सबसे ऊँची चोटी है। इस मिशन की शुरुआत को लेकर चित्रसेन साहू ने बताया कि वे रायपुर से 19 दिसंबर 2022 को मिशन के लिए रवाना हुए थे और मेंडोजा, अर्जेंटीना से 23 दिसंबर 2022 को ट्रैकिंग शुरू हुई। इसके बाद 12 दिन के मुश्किल सफर के बाद चित्रसेन साहू ने माउंट एकांकागुआ फतह किया।

चित्रसेन ने ट्रैकिंग के दौरान आई कठिनाइयों को लेकर कहा कि इस अभियान में माइनस 30 डिग्री सेल्सियस तापमान और खराब मौसम के कारण उन्हें बहुत सी मुश्किलों का सामना करना पड़ा। इस मिशन को चित्रसेन साहू ने अपने बेस्ट फ्रेंड दिवंगत अविनाश वर्मा को समर्पित किया है। पर्वत से उन्होंने अविनाश वर्मा को श्रद्धांजलि दी। इससे पहले चित्रसेन साहू ने माउंट किलिमंजारो, माउंट कोजीअस्को और माउंट एलब्रुस फतह कर नेशनल रिकॉर्ड कायम किया था। इसके साथ ही वे

एवरेस्ट बेस कैंप तक पहुँच चुके हैं। यह उपलब्धि हासिल करने वाले वे देश के पहले डबल एंप्यूटी हैं। चित्रसेन साहू ने बताया कि दोनों पैर कृत्रिम होने के कारण पर्वतारोहण में बहुत कठिनाइयाँ आती हैं और यह अपने आप में बहुत बड़ा चैलेंज है, जिसे उन्होंने स्वीकार किया है।

***

आँखों में स्वर्णिम भविष्य का सपना लिए हुए

वे 4 जून 2014 को रायपुर से बिलासपुर के लिए अमरकंटक एक्सप्रेस में सवार हुए। लंबा सफर था और वे अकेले ही यात्रा कर रहे थे। गर्मी का मौसम था, कोच का पंखा भी रेलवे के मानदंडों के अनुरूप थका हुआ सा मद्धम गति से चल रहा था। उन्हें बार-बार प्यास लग रही थी। साथ लाया पानी काफी समय पहले ही खत्म हो चुका था। फलस्वरूप वे बीच में भाटापारा स्टेशन पर पानी खरीदने के लिए उतरे। अचानक ट्रेन चलने लगी और धीमी गति से आगे बढ़ रही थी। वे कुछ दूर दौड़े और चढ़ने की कोशिश की, लेकिन दरवाज़े का हैंडल चिकना और फिसलन वाला था, और मजबूत पकड़ बनाने में चित्रसेन नाकामयाब रहे। कुछ असफल प्रयासों के बाद वे अपना संतुलन खो बैठे और उनके पैर ट्रेन के पहिए पर आ गए।

पुलिस को शुरू में संदेह था कि वे या तो आत्महत्या करने की कोशिश कर रहे थे या रेलवे ट्रैक पार करते हुए एक दुर्घटना में शामिल थे, लेकिन ट्रेन के ध्वजवाहक ने समझाया कि क्या हुआ। साहू को अस्पताल ले जाया गया, जहाँ तुरंत एक पैर काट दिया गया, और 24 दिन बाद चिकित्सकीय लापरवाही के कारण उनका दूसरा पैर भी काट दिया गया।

उन्होंने अपनी ज़रूरतों के लिए विशेष रूप से एक कार खरीदी और संशोधित की, लेकिन कटे हुए पैरों के कारण साहू के लिए लाइसेंस प्राप्त करना मुश्किल बना। इसके बाद उन्होंने बिलासपुर हाई कोर्ट में एक पेटीशन दायर की। अंततः उन्हें बिलासपुर हाई कोर्ट से उनके पक्ष में निर्णय मिला, जिसने कई अन्य विकलांग लोगों के लिए लाइसेंस प्राप्त करना आसान कर दिया।

उन्होंने "मिशन इंक्लूजन" की स्थापना की, जो विकलांग लोगों को परामर्श और कृत्रिम अंगों के दान के माध्यम से सहायता प्रदान करता है। उन्होंने एक साक्षात्कार में कहा, "हमारा सारा ध्यान सभी को यह समझाने पर है कि यह सहानुभूति नहीं है जिसकी आवश्यकता है, बल्कि एक सुलभ और समावेशी वातावरण को समझने और बनाने के लिए हार्दिक सहानुभूति है।"

"हाफ ह्यूमन रोबो" के नाम से जाने जाने वाले चित्रसेन साहू का जन्म 12 अक्टूबर 1992 को हुआ और वे एक भारतीय पर्वतारोही और समावेश और विकलांगता अधिकार कार्यकर्ता हैं, जिन्होंने माउंट किलिमंजारो (तंजानिया) और माउंट कोसियसज़को (ऑस्ट्रेलिया) पर चढ़ाई की। वे एक भारतीय व्हीलचेयर बास्केटबॉल खिलाड़ी भी हैं।

रायपुर के दिव्यांग पर्वतारोही चित्रसेन साहू, जिनके हौसले के आगे पहाड़ भी हार गए। चित्रसेन ने प्रोस्थेटिक लेग के जरिए तीन बड़े पर्वतों पर फतह हासिल की है। चित्रसेन यूरोप महाद्वीप की सबसे ऊँची चोटी माउंट एलब्रुस पर भी तिरंगा लहरा चुके हैं। हालांकि कभी एयरफोर्स में जाने का सपना देखने वाले चित्रसेन साहू से एक हादसे ने भले ही उनका यह सपना छीन लिया, लेकिन अपना सब कुछ खोकर भी, जो नहीं खोया, वह था हौसला, कुछ कर गुजरने का।

छत्तीसगढ़ के जिला बालोद निवासी चित्रसेन साहू के दोनों पैर कृत्रिम हैं, मगर उनका सपना दुनिया भर के पर्वतों के शिखर पर पहुँचने का है। वह अब तक तीन महाद्वीपों की सबसे ऊँची चोटी फतह कर तिरंगा फहरा चुके हैं और देश-दुनिया को प्लास्टिक मुक्त बनाने तथा दिव्यांगों को अपने पैरों पर खड़ा होने का संदेश दे चुके हैं। छत्तीसगढ़ के ब्लेड रनर, हाफ ह्यूमन रोबो के नाम से विख्यात चित्रसेन ने कहीं से प्रशिक्षण नहीं लिया है। प्रशिक्षण केंद्रों ने मना कर दिया तो हिम्मत नहीं हारी। उन्होंने राज्य के ही छोटे पर्वतों पर चढ़ना शुरू किया।

छत्तीसगढ़ हाउसिंग बोर्ड के सिविल इंजीनियर चित्रसेन साहू एक ट्रेन हादसे में अपने पैर गंवा चुके हैं और प्रोस्थेटिक लेग के दम पर यह चढ़ाई की। माउंट एलब्रुस पर फतह हासिल करने वाले चित्रसेन पहले दिव्यांग हैं। माइनस 15 से 25 डिग्री सेल्सियस शरीर जमा देने वाली ठंड और 50 से 70 किमी प्रति घंटे की रफ्तार से चलने वाले बर्फीले तूफान ने भी चित्रसेन के हौसले को नहीं डिगा पाया।

चित्रसेन साहू ने तंजानिया में माउंट किलिमंजारो, आस्ट्रेलिया में माउंट कोजीअस्को को फतह कर एक अन्य रिकॉर्ड कायम किया है। यह उपलब्धि हासिल करने वाले वे देश के पहले डबल एंप्यूटी हैं। किलिमंजारो की चोटी पर पहुँचने पर चित्रसेन ने प्लास्टिक मुक्त अभियान का भी संचार किया।

इस उपलब्धि के बारे में बात करते हुए उन्होंने कहा, "चढ़ाई के दौरान एक बिंदु पर साहस टूट गया। मैंने अपने दिमाग को नियंत्रित किया और लक्ष्य की ओर बढ़ गया। मेरा मिशन 'अपने पैरों पर खड़ा होना' है।"

वे किलिमंजारो की फतह की तैयारी पिछले डेढ़ साल से कर रहे थे। उन्होंने बताया कि 'अफ्रीका के तंजानिया किलिमंजारो में जाने के लिए धीरे-धीरे तैयारियाँ की और छत्तीसगढ़ के आसपास ट्रैक ट्रेनिंग की। दस दिन हिमाचल में रहकर ट्रेनिंग ली और 72 किलोमीटर ट्रैक कंप्लीट किया।' वे 16 सितंबर को दक्षिण अफ्रीका पहुँचे और 19 सितंबर को चढ़ाई शुरू की और 26 सितंबर को किलिमंजारो की चोटी पर पहुँचकर देश का तिरंगा लहराया।

उन्होंने बताया कि दोनों पैर कृत्रिम होने के कारण पर्वतारोहण में बहुत कठिनाइयाँ आती हैं। महीनों तक अस्पताल में रहना पड़ा। बिस्तर पर पड़े-पड़े वे जीवन से निराश हो गए थे। इसके बाद मन में ठान लिया कि दिव्यांग होने के बावजूद वे कुछ ऐसा करेंगे कि लोग उन्हें हमेशा याद रखें।

चित्रसेन साहू बताते हैं कि, "मैं हमेशा से खेल में जाना चाहता था, लेकिन हादसे के बाद इसकी उम्मीदें थोड़ी धूमिल हो गईं। लेकिन फिर भी मैं आगे बढ़ा। मैं उस वक़्त माउंटेनियरिंग की तो सोचता भी नहीं था। लेकिन हाँ, स्पोर्ट्सपर्सन अवश्य था और मेरा जज़्बा बरकरार था। इसलिए कुछ दिनों की मेहनत के बाद मैं व्हीलचेयर बॉस्केटबॉल टीम में आ गया। फिर दूसरे खेलों में भी मैंने शिरकत प्रारंभ की।"

वो कृत्रिम पैर लगने के बाद धीरे-धीरे चलने लगे, फिर दौड़ने का अभ्यास किया। इसके बाद उन्होंने पहाड़ों पर चढ़ने की कोशिश की।

उन्होंने बताया कि मुझे घूमना और ट्रैकिंग बहुत पसंद था। 2014 में दुर्घटना में दोनों पैर खोने के बाद, मेरे मन में भी वही स्वतंत्रता का भाव था, जो मुझे धीरे-धीरे पर्वतारोहण के क्षेत्र में ले गया। उन्होंने बताया कि

शुरुआत छोटी-छोटी यात्रा और ट्रैकिंग से हुई, और फिर यह ट्रैकिंग माउंटेनियरिंग में तब्दील हो गई। जब मैंने छोटी-छोटी ट्रैकिंग पर जाना शुरू किया, तो मेरा आत्मविश्वास बढ़ता गया।

आखिरकार, उनका हौसला रंग लाया और 23 अगस्त 2021 को, मास्को के समयानुसार सुबह 10:54 और भारतीय समयानुसार दोपहर 1:24 बजे माउंट एलब्रुस पर भारतीय तिरंगा लहराया। यह ऐतिहासिक पल वे जीवनभर नहीं भूल पाएंगे। उन्होंने कहा, "मेरी सभी दिव्यांग भाइयों से प्रार्थना है कि वे भी कुछ लक्ष्य हासिल करके अपने और अपने परिवार के साथ प्रदेश, देश का नाम रोशन करें। प्रत्येक दिव्यांग में अद्भुत क्षमता होती है, बस वे अपनी क्षमताओं को पहचानें।"

वे बताते हैं कि कृत्रिम पैर होने से एक सामान्य व्यक्ति से 65% ज्यादा ताकत और ऊर्जा लगती है, और माउंटेन में जब अधिक ऊँचाई पर होते हैं, तो ऑक्सीजन लेवल भी कम होता है। आप बाकी लोगों की तुलना में थोड़े धीरे होते हैं, तो यह और मुश्किल हो जाता है। ऊपर से वातावरण का शरीर पर प्रभाव पड़ने का डर अधिक रहता है, लेकिन मनोबल ऊँचा रहे तो सब संभव है।

चित्रसेन के माउंट एलब्रुस पर विजय के तुरंत बाद, दिसंबर 2021 में अर्जेंटीना में स्थित दक्षिण अमेरिका महाद्वीप की सबसे ऊँची चोटी माउंट आकोंकागुआ (6961 मीटर) को 10-12 दिनों में फतह करने का रिकॉर्ड स्थापित किया गया। माउंट आकोंकागुआ को चढ़ने में किसी भी पर्वतारोही को 20-25 दिन लगते हैं। ऐसे में चित्रसेन के मात्र 10-12 दिनों में इस चोटी पर चढ़ाई का सफर पूरा करना एक असाधारण सफलता है। इससे पहले, युवा पर्वतारोही चित्रसेन साहू ने प्रोस्थेटिक लेग और बुलंद हौसलों के दम पर ऑस्ट्रेलिया की एक और ऊँची चोटी माउंट

कोजिअस्को की चढ़ाई की थी। उन्होंने 2228 मीटर ऊँचे कोजिअस्को की चढ़ाई के दौरान वहाँ पहुँचकर भारतीय ध्वज तिरंगा फहराया और प्लास्टिक फ्री का संदेश भी दिया।

उन्होंने अपने जीवन के उन कठिन समय को याद करते हुए बताया कि जीवन को पटरी पर लाने के लिए कैसे-कैसे प्रयास किए। आसान तो नहीं था, सामान्य भी नहीं था, परंतु जीवन के उस पड़ाव पर हार मान लेना भी विकल्प नहीं था।

वे बताते हैं, "माउंट किलिमंजारो पर मैंने सबसे पहले चढ़ाई की थी। मैंने कभी ऐसा सोचा नहीं था कि पहाड़ पर चढूँगा। हादसे के बाद मेरे लिए यह चुनौती बन गई। लेकिन पहले व्हीलचेयर बास्केटबॉल और फिर पैरास्वीमिंग टीम में आने के बाद मेरा हौसला बढ़ा।"

"मैंने व्हीलचेयर बास्केटबॉल की टीम बनाई और दो-तीन साल चलाया। इसके बाद माउंटेनियरिंग में आया। अब तो हमारी टीम में ऐसे कई लोग हैं। 14 साल की बच्ची, जिसके पैर नहीं हैं, वह भी हमारी टीम में है। ट्रांसजेंडर भी हमारी टीम में हैं, और मेरे लिए यह अनोखा अनुभव है। एवरेस्ट मिशन पर अपनी टीम के साथ जाने से पहले हमारे सामने बड़ा चैलेंज होता है।"

"आप जब अकेले जाते हैं तो चुनौतियाँ अलग होती हैं। लेकिन टीम के साथ जिम्मेदारी बढ़ जाती है। उस समय मानसिक और शारीरिक, दोनों ही तरह से आपको मजबूत होना होता है।"

पर्वतारोहण में आने वाली दुश्वारियों की चर्चा करते हुए चित्रसेन ने कहा, "आपके साथ आर्टिफिशियल पैर भी होता है, उसका वजन भी उठाना

होता है। बर्फीले पहाड़, मौसम और माहौल को देखते हुए चुनौतियाँ काफी बढ़ जाती हैं। एडवेंचर स्पोर्ट्स अब मेरी लाइफ का हिस्सा बन गया है। उम्मीद करता हूँ कि दुनिया के सर्वोच्च शिखर पर आप लोग हमें देख पाएंगे, यही आशा है। मैं सेना में जाना चाहता था, लेकिन ऐसा नहीं हो सका। इसलिए जब आप किसी जगह पर तिरंगा फहराते हैं तो बड़ी अच्छी फीलिंग आती है।"

दिव्यांगों के लिए प्रेरणा बने पर्वतारोही चित्रसेन साहू युवाओं को संदेश देते हुए बोले, "मुसीबतों का सामना करें, हौसला न खोयें। मन में हौसला हो तो दिव्यांगता भी आड़े नहीं आती। यदि ठान लिया जाए तो असंभव लगने वाला कार्य भी पूरा हो जाता है। किसी भी दिव्यांग को अपने आप पर विश्वास रखना चाहिए और मुसीबतों से न घबराते हुए पूरी मेहनत, लगन से आगे बढ़ने का प्रयास करना चाहिए।"

परिवार का समर्थन

वो महीने भर से ज्यादा अस्पताल में रहे थे, लेकिन अच्छी बात यह रही कि उनका परिवार और दोस्त हमेशा उनके साथ रहे। "यह मेरे लिए सबसे अच्छी बात रही।"

"बेटे के साथ हादसे की बात माता-पिता के लिए सबसे कष्टकर होती है। मैंने हादसे के बारे में मम्मी को नहीं बताया था। 27-28 दिनों तक उन्हें नहीं मालूम था। लेकिन जिस दिन मैं व्हील चेयर पर शिफ्ट होने वाला था, उसी दिन मम्मी आ गईं और तब उन्हें मेरे पैर न होने के बारे में पता चल गया।"

आँखों में नमी के साथ चित्रसेन उस दिन को याद करके बताते हैं।

चित्रसेन साहू के परिजनों ने कहा कि वह एक बहुत ही तकलीफदेह वक़्त था, और यह बताते समय चित्रसेन के माता-पिता की आँखें नम हो गईं। उनकी माँ ने कहा, “बेटे ने बड़ी हिम्मत दिखाई, उसने अपना और साथ-साथ हमारा भी हौसला नहीं टूटने दिया, लेकिन हादसे को याद कर आज भी हमारी रूह काँप जाती है।”

चित्रसेन साहू ने अफ्रीका महाद्वीप के पहाड़ किलिमंजारो की 5685 मीटर ऊँची चोटी गिलमंस पर तिरंगा लहराया। उन्होंने 23 सितंबर को दोपहर 2 बजे चोटी पर फतह हासिल की। प्रोस्थेटिक पैर और बुलंद हौसलों के दम पर 144 घंटे चढ़ाई के बाद उन्होंने 5685 मीटर ऊँची चोटी गिलमंस फतह की। चित्रसेन डबल लेग एंप्युटी यानी दोनों पैर के बिना किलिमंजारो पर तिरंगा लहराने वाले देश के पहले माउंटेनियर बन गए।

छत्तीसगढ़ शासन और मोर रायपुर स्मार्ट सिटी लिमिटेड के ब्रांड एंबेसडर चित्रसेन ने किलिमंजारो की चोटी से छत्तीसगढ़ को प्लास्टिक फ्री राज्य बनाने का संदेश भी दिया। पढ़िए उन्हीं की जुबानी ...

सपना सच होने के बाद प्रोस्थेटिक पैर निकालकर पहाड़ पर बैठ गया ...

19 सितंबर को, दोपहर 1 बजे, मैंने चढ़ाई शुरू की। कुछ दूरी तय करने के बाद ही समझ आ गया था कि सफर आसान नहीं होगा। वहाँ का तापमान माइनस 3 से 5 के बीच था। दोनों पैर प्रोस्थेटिक के थे। दोनों हाथ में छड़ी थी। पीठ पर पाँच किलो का बैग था। चढ़ाई के आखिरी 12 घंटे में धूल वाला ठंडा तूफान शुरू हो गया। लेफ्ट लेग में इंजरी के कारण

असहनीय दर्द होने लगा। एक वक़्त तो हिम्मत टूटने लगी थी। फिर मन पर काबू पाया और लक्ष्य की तरफ बढ़ चला।

मिशन के तहत मुझे उहरु चोटी, जो 5895 मीटर की ऊँचाई पर है, वहाँ तक पहुँचना था। लेकिन मौसम के चलते गिलमंस प्वाइंट, जिसकी ऊँचाई 5685 मीटर है, तक ही जाने की अनुमति मिली। 23 सितंबर को, दोपहर 2 बजे, जब चोटी पर पहुँचा, तो अलग ही खुशी महसूस कर रहा था। थोड़ा इमोशनल भी हुआ।

वहाँ 'छत्तीसगढ़िया सबले बढ़िया ... ' का नारा भी लगाया। फिर भारत माता की जय कहते हुए तिरंगा फहराया।

सपना सच होने के बाद दोनों प्रोस्थेटिक पैर निकालकर पहाड़ पर बैठ गया। कुछ मिनटों में ही थकान छूमंतर हो गई थी। मैंने इस मिशन को नाम दिया था- "पैरों पर खड़े हैं ... " मेरा मानना है कि जो व्यक्ति जन्म से या किसी हादसे में शरीर का कोई अंग गंवा देते हैं, उनके साथ कोई भेदभाव न किया जाए। हमें दया नहीं, आप सबके साथ एक समान ज़िंदगी जीने का हक चाहिए।

चित्रसेन पूरे आत्मविश्वास से कहते हैं, "मन में हौसला हो तो दिव्यांगता भी आड़े नहीं आती। यदि ठान लिया जाए तो असंभव लगने वाला कार्य भी पूरा हो जाता है। किसी भी दिव्यांग को अपने आप पर विश्वास रखना चाहिए और मुसीबतों से न घबराते हुए पूरी मेहनत, लगन से आगे बढ़ने का प्रयास करना चाहिए। एक न एक दिन सफलता अवश्य मिलेगी।"

वे स्वीकारते हैं कि पर्वतारोही अरुणिमा सिन्हा की कहानी पढ़कर उनका हौसला बढ़ा। उनका दृढ़ विश्वास है कि, "शरीर के किसी अंग का न होना

कोई शर्म की बात नहीं, न ही ये हमारी सफलता के आड़े आता है। हम किसी से कम नहीं, न ही अलग हैं, तो बर्ताव में फर्क क्यों करना? हमें दया नहीं, आप सबके साथ एक समान ज़िंदगी जीने का हक चाहिए।"

3.

पद्म श्री डा. अरूणिमा सिन्हा

अभी तो इस बाज की असली उड़ान बाकी है...
अभी तो इस परिंदे का इम्तिहान बाकी है...
अभी-अभी तो मैंने लांघा है समंदर को।
अभी तो पूरा आसमान बाकी है!!!

हर किसी की ज़िंदगी का कोई न कोई लक्ष्य होता है। कुछ लक्ष्य उनकी कामयाबी की दास्तां लिख जाते हैं और कुछ की कहानियाँ दूसरों के लिए प्रेरणा का कारण बन जाती हैं। अक्सर जब हम ऐसे दोराहे पर होते हैं जहाँ हमें लगता है शायद यही हमारी कहानी का अंत है, कई बार वही अंत किसी नई कामयाबी की शुरुआत होता है।

अरूणिमा सिन्हा भारत से राष्ट्रीय स्तर की पूर्व वालीबाल खिलाड़ी तथा एवरेस्ट शिखर पर चढ़ने वाली पहली भारतीय दिव्यांग हैं। उनकी उपलब्धि में साहस, दृढ़ संकल्प और समर्पण ने महत्वपूर्ण भूमिका निभाई। उन्होंने सिद्ध कर दिया कि बेशक, पहाड़ों पर चढ़ने के लिए पैर ज़रूरी हैं, लेकिन बहादुर दिल सबसे अधिक ज़रूरी है।

अरुणिमा सिन्हा का जन्म 1988 में उत्तर प्रदेश के अम्बेडकर नगर में हुआ था। उनके पिता का नाम राम बिहारी सिन्हा और माता का नाम वंदना सिन्हा है। अरुणिमा की एक छोटी बहन भी है, जिसका नाम अदिति सिन्हा है। अरुणिमा ने अपनी प्रारंभिक शिक्षा अम्बेडकर नगर में पूरी की और उसके बाद उन्होंने अपनी उच्च शिक्षा लखनऊ से पूरी की। अरुणिमा ने अपने जीवन में कई चुनौतियों का सामना किया, लेकिन उन्होंने कभी हार नहीं मानी।

अरुणिमा सिन्हा ने तीन साल की उम्र में अपने पिता को खो दिया था। उनका बचपन कठिन था, क्योंकि उनकी माँ को घर चलाने के लिए कड़ी मेहनत करनी पड़ी। वह बचपन से ही एक खुशमिजाज और सक्रिय लड़की थीं। खेलों में उनकी विशेष रुचि थी। वह वॉलीबॉल की बेहतरीन खिलाड़ी थीं और राष्ट्रीय स्तर पर खेल चुकी थीं, और समय के साथ वॉलीबॉल के क्षेत्र में अंतरराष्ट्रीय स्तर पर अपने देश को पहचान दिलाना ही अरुणिमा सिन्हा का लक्ष्य बन गया था।

अरुणिमा सिन्हा की मेहनत में कोई कमी नहीं थी। उनके परिवार को भी यकीन था कि एक दिन अरुणिमा अपना सपना ज़रूर पूरा कर लेगी, लेकिन ज़रूरी नहीं कि जैसा सोचा जाए, वैसा ही हो। एक दुर्घटना ने नाटकीय रूप से उनका जीवन बदल दिया।

2011 में, अरुणिमा के साथ एक दुर्घटना हुई, जिसमें उन्होंने अपने पैर गंवा दिए। लेकिन इस दुर्घटना ने उन्हें पर्वतारोहण के प्रति प्रेरित किया और उन्होंने माउंट एवरेस्ट पर चढ़ने का फैसला किया।

अरुणिमा ने अपने पर्वतारोहण के सपने को पूरा करने के लिए कड़ी मेहनत की और कई चुनौतियों का सामना किया। आखिरकार, उन्होंने 2013 में माउंट एवरेस्ट पर चढ़ने में सफलता प्राप्त की और भारत की पहली दिव्यांग महिला बनीं।

अरुणिमा की उपलब्धि ने देशभर में लोगों को प्रेरित किया और उन्हें एक प्रेरणा के स्रोत के रूप में देखा जाने लगा। उन्होंने अपने जीवन की कहानी को पुस्तक के रूप में लिखा और कई पुरस्कारों और सम्मानों से सम्मानित किया गया।

अरुणिमा की कहानी एक प्रेरणा का स्रोत है और उन्होंने दिखाया है कि अगर हम अपने लक्ष्यों के प्रति दृढ़ संकल्प हों, तो हम किसी भी चुनौती का सामना कर सकते हैं।

***

अपराधियों द्वारा चलती ट्रेन से फेंक दिए जाने के कारण एक पैर गंवा चुकने के बावजूद, अरूणिमा ने गजब के जीवट का परिचय देते हुए अपने दृढ़ निश्चय और अडिग इच्छाशक्ति के दम पर

21 मई 2013 को दुनिया की सबसे ऊँची चोटी माउंट एवरेस्ट (29,028 फुट) को फ़तह किया।

यह ऐसा करने वाली पहली विकलांग भारतीय महिला बनने का रिकॉर्ड उनके नाम पर है। ट्रेन दुर्घटना से पूर्व उन्होंने कई राष्ट्रीय प्रतियोगिताओं में राज्य की वॉलीबाल और फुटबॉल टीमों में प्रतिनिधित्व किया था।

अरुणिमा की ज़िंदगी की काली रात के बारे में शायद ही कुछ लोग जानते होंगे। 11 अप्रैल 2011 की रात इनके साथ एक दर्दनाक हादसा हुआ। तब ये सीआईएसएफ की भर्ती परीक्षा में शामिल होने के लिए पद्मावत एक्सप्रेस द्वारा लखनऊ से दिल्ली जा रही थीं। रास्ते में कुछ अपराधी उनके डिब्बे में चढ़ गए और यात्रियों से छेड़छाड़ और लूटपाट करने लगे। कुछ अपराधी उनके पास भी आए और उनके बैग और सोने की चेन खींचने के प्रयास करने लगे। अरुणिमा ने अदम्य साहस का परिचय दिया और दिलेरी से उनका भरसक प्रतिरोध किया।

जब अपराधियों ने उनके साथ मारपीट करना शुरू कर दिया और बराबर का जवाब मिलने पर गुस्से में कुछ अपराधियों ने बरेली के निकट पद्मावत एक्सप्रेस से अरुणिमा को बाहर फेंक दिया। ट्रेन से गिरने के कारण अरुणिमा का एक पैर ट्रेन के नीचे आ गया। वह पूरी रात ट्रेन ट्रैक पर पड़ी रही, और 49 से अधिक ट्रेनें उनके पैर पर से गुजर गईं, लेकिन वह खुद को बचाने में असमर्थ थीं। सुबह में, ग्रामीणों ने उन्हें गंभीर चोट के साथ अस्पताल पहुँचाया, और डॉक्टर ने उनकी जान बचाने के लिए घुटने के नीचे से उनका पैर काट दिया।

अरुणिमा ने उस समय की परिस्थितियों के बारे में बताया, "अस्पताल में एनेस्थीसिया और ऑक्सीजन नहीं था। मैं देख नहीं पा रही थी, लेकिन

डॉक्टरों की बात सुनकर बिना एनेस्थीसिया के ही पैर काटने को कहा क्योंकि दर्द बहुत ज्यादा हो रहा था। डॉक्टरों ने ऐसा ही किया। डॉक्टरों ने वह सभी किया, जो वे कर सकते थे। फार्मासिस्ट बी.सी. यादव ने अपना खून दिया। तब तक यह मामला मीडिया में आ गया और मुझे किंग जॉर्ज मेडिकल कॉलेज से दिल्ली एम्स लाया गया।"

अरुणिमा ने कहा, "अस्पताल में लोगों को मेरा पैर कटने के कारण अधिक चिंता शादी को लेकर थी। तब काफी कंट्रोवर्सी हुई कि मैं सुसाइड के लिए कूदी थी, टिकट नहीं था, इसलिए कूद गई, आदि। मैंने तब सब कुछ छोड़ दिया और ठान लिया कि मुझे एवरेस्ट फ़तह करना है। डॉक्टर भी कहते थे कि स्टिक के सहारे चलना सीखने में 4-5 साल लग जाते हैं, मैंने दो साल में यह कर दिखाया।"

अरुणिमा बताती हैं, "डॉक्टर बोलते थे, 'स्टिक लेकर चलो, व्हीलचेयर ले लो,' लेकिन मैंने तय कर लिया था कि मुझे व्हीलचेयर पर बैठना नहीं है। दीवारों के सहारे आठ महीने में चलना सीखा।"

अरुणिमा ने कहा, "एवरेस्ट की चढ़ाई में फिट लोग भी असफल हो जाते हैं, फिर मेरा तो एक पैर था ही नहीं, दूसरा भी मूव नहीं कर रहा था। ऐसे में कृत्रिम पैरों के साथ एवरेस्ट पर जाने की बात सुनकर लोग मुझे पागल भी बोलते थे। मेरी माँ ने मेरा सपोर्ट किया और स्पॉन्सर न मिलने की स्थिति में कहा कि इसके लिए वह अपना घर भी बेच देंगी।"

अब जब वह अपना एक पैर गंवा चुकी थीं, तो उस दिन के बाद उनका लक्ष्य न केवल कृत्रिम पैर के साथ चलने में कुशल बनना था, बल्कि दुनिया के सबसे ऊँचे स्थान - माउंट एवरेस्ट पर चढ़ना बन गया था।

जब अरुणिमा सिन्हा अस्पताल के बिस्तर पर थीं, तो उन्होंने किसी भी पल उम्मीद नहीं खोई। वह राष्ट्रीय स्तर की फुटबॉल खिलाड़ी थीं और उन्हें यकीन था कि एक ट्रेन दुर्घटना उनके करियर का अंत नहीं हो सकती। वह अपने जीवन में उन लोगों को जवाब देने के लिए कुछ करने की दृढ़ इच्छा भी रखती थीं जो उसके जीवन की इस स्थिति के लिए जिम्मेदार थे।

हादसे के बाद भारतीय आयुर्विज्ञान संस्थान (AIMS), दिल्ली में करीब 4 महीने तक रहने के बाद वह ठीक हुईं। उनके एक पैर के रूप में कृत्रिम पैर लगाया गया, जबकि दूसरे में राड लगी थी। दिल्ली AIMS से छुट्टी मिलने के बाद उन्हें दिल्ली के एक संगठन ने कृत्रिम पैर दिए।

पागल तो नहीं पर जिद्दी ज़रूर है!

इस हादसे के बाद अरुणिमा सिन्हा की जान तो बच जाती है, मगर वह अपना एक पैर गंवा देती हैं। उनके सामने एक लाचार जीवन खड़ा था। मगर कहते हैं कि अगर हौसले बुलंद हो, तो आप अपनी कमी को ताकत बना सकते हैं।

अरुणिमा सिन्हा के साथ घटित इस दर्दनाक हादसे ने उनके सारे सपनों को चूर-चूर कर दिया। उन्हें जीने की उम्मीद भी नहीं बची थी। पटरियों के बीच कटे पैर, उनके दर्द और अपाहिज जीवन से उन्होंने चार महीने तक एम्स में जीवन-मृत्यु की लड़ाई लड़ी।

अरुणिमा सिन्हा को डॉक्टरों ने सलाह दी कि वे कोई कार्य न करके आराम करें, मगर सिन्हा को यह मंजूर न था। उनका साहस उन्हें कुछ ऐसा करने के लिए प्रेरित कर रहा था, जिससे वह दिव्यांगों के लिए प्रेरणा

बन सकें। उन्होंने निश्चय किया कि वह संसार के सातों महाद्वीपों की ऊँची चोटियों पर चढ़ेंगी और तिरंगा फहराकर आयेंगी।

उसी समय कैंसर से जूझकर युवराज सिंह ने नया जीवन शुरू किया था। युवी से प्रेरित होकर अरुणिमा ने जीवन में कुछ अद्वितीय करने की ठानी और पर्वतारोही बनने का संकल्प किया।

हॉस्पिटल से डिस्चार्ज होते ही, घर नहीं, सीधे बछेंद्री पाल से मिलने उनके दफ्तर गईं। एक बार तो उन्होंने सिन्हा के हालातों को देखकर साफ मना कर दिया।

उन्होंने उस पल को याद करते हुए बताया, "तब मेरे पैरों से खून निकल रहा था। बछेंद्री जी ने पूछा कि यह क्या तो मैंने बताया कि जो लड़की आजकल टीवी पर आ रही है, जिसके पैर कट गए हैं, मैं वही लड़की हूँ।" जब मैंने अपना प्रस्ताव बताया, तो उनकी आँखों में आँसू आ गए और उन्होंने कहा, "अपने अंदर के एवरेस्ट पर तुमने फ़तह कर लिया है, अब तो बस दुनिया को दिखाने के लिए एवरेस्ट फ़तह करना है।" उन्होंने मुझे सपोर्ट किया और कहा कि, "आपको लोग जब पागल बोलने लगें, समझ लेना आपका गोल उतना ही करीब है।"

मुश्किलों का एवरेस्ट

इस तरह अरुणिमा सिन्हा की जिद्द और ललक के चलते बछेंद्री पाल को उनकी बात माननी पड़ी। वह लंबे समय तक बछेंद्री पाल के मार्गदर्शन में ट्रेनिंग लेती रहीं। शीघ्र ही अरुणिमा ने उत्तरकाशी में टाटा स्टील एडवेंचर फाउंडेशन (TSAF) के कैंप में एवरेस्ट फ़तह करने वाली पहली भारतीय महिला की देखरेख में प्रशिक्षण लेना शुरू किया।

अरुणिमा ने बताया कि ट्रेनिंग के दौरान 30 से 35 किलो वजन लेकर 14,000 फीट की ऊँचाई वाले सूर्याटॉप पर चढ़ना होता था। शुरू में वह इस पर भी चढ़ाई नहीं कर पाईं। फिर वापस आकर उन्होंने खुद से वादा किया कि सूर्याटॉप पर जाना है। अगली बार वह सबसे 20 मिनट पहले चोटी पर पहुँची। अन्य लोगों ने पूछा कि आप खाते क्या हो, तो उन्होंने बताया कि जब एवरेस्ट जाने के लिए काठमांडू पहुँची, तब शेरपा ने कहा कि यह नहीं जा सकती, क्योंकि कम तापमान में पैर क्रैक हो जाएगा, लेकिन वह नहीं मानी।

बछेंद्री पाल अरुणिमा से जब मिली थीं तो देखते ही उनसे कहा था, "अरुणिमा, तूने इस हालत में जो सपना देखा है, तेरा यह सपना तो सच होगा ही। अब तो दुनिया को दिखाने के लिए ही तुझे चढ़ना है, बाकी तू जीत पहले ही गई है।"

बछेंद्री पाल ने अरुणिमा के सपने को पूरा करने में खूब मदद की और उन्हें अपना शिष्य बनाया। अरुणिमा ने भी पूरा मन लगाकर मेहनत की और अपने सपने को पूरा करने की प्रक्रिया शुरू कर दी।

हार नहीं मानूँगी

कृत्रिम पैर के साथ पहाड़ों पर चढ़ना किसी भी सामान्य इंसान के लिए कल्पना से परे था। कठिन प्रशिक्षण के दौरान खून, पसीने और आँसू बहाए, लेकिन उन्होंने हार नहीं मानी। 2013 में, सिन्हा ने माउंट एवरेस्ट चढ़ने का निर्णय लिया और इस कठिन यात्रा में उन्होंने उदात्त वीरता, दृढ़ निश्चय, एकाग्रता और आत्मविश्वास का परिचय दिया।

अरुणिमा ने बताया कि एवरेस्ट के रास्ते में भी कई मुश्किलें आईं। रॉकी एरिया में पैर स्लिप हो जाता था। टो पर हिट करना होता था, अगर करती तो टो हील पर आ जाता। शेरपा बोले, "चलेगी कैसे?" पाँच-पाँच बार टो हिट कर ऊपर गईं। उन्होंने कहा, "मेरा आर्टिफिशियल पैर दुनिया की नजर में आर्टिफिशियल था ... मेरी नजर में नहीं।"

अरुणिमा के दल में 6 लोग शामिल थे। कुछ दूरी तक अरुणिमा सबसे आगे रही, लेकिन जैसे ही ग्रीन और ब्लू बर्फ के पास पहुँची, वैसे-वैसे उनका आर्टिफिशियल पैर फिसलने लगा। इस हालत में आगे बढ़ना और भी मुश्किल था। तब शेरपा ने उनसे कहा कि "आपसे नहीं होगा, जबरदस्ती न करें।" लेकिन अरुणिमा ने हार नहीं मानी। उनके पैर रखते ही वह मुड़ जाता था, और वह बार-बार फिसल जाता था। बाद में, वह बर्फ के टुकड़े हटाती और उस जगह पर आर्टिफिशियल पैर रखकर आगे बढ़तीं।

ऐसा ही करते हुए वह धीरे-धीरे कैंप 3 तक पहुँच गईं। कैंप 3 के ऊपर साउथ कोल समिट की बारी थी, जहाँ अच्छे-अच्छे पर्वतारोहियों का पसीना छूट जाता है। अरुणिमा ने बताया कि वह अन्य लोगों से स्लो थीं। बालकनी एरिया में ऑक्सीजन कम हो रहा था, तब शेरपा ने वापस चलने को कहा। उन्हें गुस्सा आ रहा था। उन्होंने बताया, "तब शेरपा से कहा कि तुम जाओ या न जाओ, मुझे जाना है। रास्ता ऐसा कि वहाँ से कोई नहीं ला सकता। रास्ते में 90 के दशक की डेड बॉडी पड़ी थी।"

अरुणिमा सिन्हा ने आगे बढ़ने के लिए रात के समय को चुना क्योंकि रात को मौसम थोड़ा शांत रहता है।

वह जिस रोप में थी, उसी रोप में एक बांग्लादेशी अधमरी हालत में दर्द से चिल्ला रहा था। उसकी चीख सुनकर और वातावरण को देखकर वह डरने लगीं। उनके रोंगटे खड़े हो गए थे। कुछ समय बाद ही उसकी मृत्यु हो गई। उसे क्रॉस कर आगे बढ़ीं और पैर फिसल गया, तो वह उसी की बॉडी पर आकर रुकीं। उन्होंने कहा, "पहले एवरेस्ट पर चढ़ना केवल मेरा सपना था, लेकिन जब वहाँ पहुँच गई, तब यह पूरे देश का सपना बन चुका था।"

कुछ दूरी जाने पर शेरपा ने उन्हें बताया कि उनका ऑक्सीजन भी समाप्त हो रहा है, तो उन्हें वहीं से वापस आना चाहिए। लेकिन इसके बाद भी अरुणिमा वापस ना लौटने का फैसला किया। उन्होंने अपना हौसला बनाए रखा और आगे बढ़ती रहीं।

अंततः अरुणिमा सिन्हा ने अपने बुलंद हौसलों से चढ़ाई पूरी की। उन्होंने 52 दिनों में माउंट एवरेस्ट पर अपनी जीत का तिरंगा लहराया और 21 मई 2013 को अरुणिमा सिन्हा माउंट एवरेस्ट पर तिरंगा फहराने वाली विश्व की पहली विकलांग महिला पर्वतारोही बनीं।

इस तरह से अरुणिमा ने आखिर वह कर दिखाया जो असंभव था, अकल्पनीय था। अरुणिमा का सपना माउंट एवरेस्ट पर चढ़ने का था, जो उन्होंने पूरा किया। उनकी मेहनत, समर्पण और अभ्यास ने इस उपलब्धि को सच कर दिखाया।

परंतु इस उपलब्धि के बाद, अरुणिमा के साथ एक दुखद घटना घटी जिसमें उन्होंने अपना पूरी तरह से काम करने वाला पैर खो दिया, लेकिन इसके बाद भी उन्होंने साहस दिखाया।

***

कहाँ से आता है यह एटीट्यूड?

खेलों के कारण डेवलप हुआ ऐसा एटीट्यूड। एक छोटी उंगली कटने से भी जो अपाहिज और अपंग होने की भावना व्यक्ति में उपजती है, वह किसी भी स्वस्थ मन को इतना नकारात्मक रूप से प्रभावित करती है कि सारी ज़िंदगी साधारण रूप से जीना मुश्किल हो जाता है। अरुणिमा ने पहले अपना एक पैर खोया और उसके कुछ समय बाद उनका दूसरा पैर भी इतना प्रभावित हो गया कि उसमें स्टील रॉड डालनी पड़ी। फिर भी उन्होंने हार नहीं मानी।

कहाँ से आता है यह एटीट्यूड? दरअसल, खेल की भावना जिस व्यक्ति में होती है, वही इस प्रकार के विचारों को धारण करके अपनी शारीरिक क्षमताओं को चुनौती करता है, मानसिक सीमाओं को भी चैलेंज करता है, और मन में कभी भी पराजित न होने की भावना पैदा करता है।

घर की आर्थिक परिस्थितियाँ अच्छी नहीं थीं, लेकिन खेलने की उनकी इच्छाशक्ति में हालात बाधा नहीं बने। अरुणिमा ने स्कूल में फुटबॉल खेला, बाद में राष्ट्रीय स्तर पर वॉलीबॉल में कॉलेज का प्रतिनिधित्व किया। हॉकी भी खेली। एथलीट होने के कारण ही अरुणिमा ने हर कदम पर लड़ना सीखा। इसी का परिणाम था कि ट्रेन में जब बदमाशों ने उनकी सोने की चैन छीनने की कोशिश की, तो अरुणिमा ने लड़ा। ट्रैक पर पड़ी-पड़ी खुद से लड़ती रहीं और आज भी हर दिन और हर क्षण जूझ रही हैं।

'बॉर्न अगेन ऑन द माउंटेन' अरुणिमा सिन्हा की आत्मकथा है, जो उनके दुर्घटना के बाद के संघर्ष और पर्वतारोहण में उनकी उपलब्धियों

का विवरण देती है। अरुणिमा सिन्हा का नाम इतिहास में स्वर्णिम अक्षरों में लिखा गया है।

वह एक ऐसी शख्सियत हैं, जिनकी हिम्मत और जज़्बे के आगे माउंट एवरेस्ट की कठोर चोटी भी झुक गई। भारत की पहली दिव्यांग पर्वतारोही के रूप में उन्होंने विपरीत परिस्थितियों को चुनौती देकर न केवल अपना सपना पूरा किया, बल्कि लाखों लोगों को प्रेरणा का संबल भी दिया।

माउंट एवरेस्ट के बाद अरुणिमा ने विजय का सिलसिला जारी रखा। उन्होंने 2016 में माउंट विंसन, दक्षिण अमेरिका की सबसे ऊँची चोटी पर भी चढ़ाई की। इसके अलावा, यूरोप की सबसे ऊँची चोटी माउंट एल्ब्रस और ओशनिया की सबसे ऊँची चोटी माउंट कोसियुस्को पर भी उनकी विजय पताका फहरा चुकी है।

अरुणिमा सिन्हा ने इस साहसिक कार्य के बाद भी अपने परिवार, समाज, और देश के लिए योगदान देना जारी रखा है। उन्होंने एक फाउंडेशन "अरुणिमा सिन्हा इंफिनिटी आर्मी" की स्थापना की है, जो विभिन्न सामाजिक कार्यों के माध्यम से लोगों की मदद करती है। इसके अलावा, उन्होंने अपनी आत्मकथा 'बी माय इंस्पिरेशन' के माध्यम से लोगों को अपने जीवन में सकारात्मक परिवर्तन की प्रेरणा दी है।

अरुणिमा को पता था कि अगर वह एक नकली पैर से एवरेस्ट फतह करने में सफल रहीं, तो ऐसी करने वाली वह दुनिया की पहली महिला बन जायेंगी। अरुणिमा ने यह ठान लिया कि वह खुद को साबित करेंगी और यह भी साबित करेंगी कि शारीरिक दुर्बलता किसी के मुकाम मे रोड़ा नहीं बन सकती। अगर किसी में अपने लक्ष्य तक पहुँचने की

ललक, मानसिक ताकत और इच्छाशक्ति है, तो फिर कोई भी दुर्बलता उसे रोक नहीं सकती।

अरुणिमा कहती हैं, "मैं बस इतना कहना चाहती हूँ कि परिस्थितियाँ बदलती रहती हैं। पर हमें अपने लक्ष्य से भटकना नहीं चाहिए, बल्कि उनका सम्मान और सामना करना चाहिए। जब मैं हॉकी स्टिक लेकर खेलने जाती, तो मोहल्ले के लोग मुझ पर हँसते थे, मेरा मजाक उड़ाते थे।

शादी हुई और फिर तलाक, तब भी मैंने हार न मानी। बड़ी बहन और मेरी माँ ने मेरा साथ दिया। हादसे के बाद मेरे जख्मों को कुरेदने वाले बहुत थे, पर मरहम लगाने वाले बहुत कम। इतना कुछ होने के बाद मैंने अपने लक्ष्य को पाने के लिए पूरा जोर लगा दिया। अंततः मुझे सफलता मिली।"

"ट्रेन हादसे में मैंने अपना पैर गंवा दिया था। अस्पताल में बिस्तर पर बस पड़ी रहती थी। परिवार के सदस्य, मेरे अपने मुझे देखकर पूरा दिन रोते, हमें सहानुभूति की भावना से अबला और बेचारी कहकर संबोधित करते। यह मुझे मंजूर न था। पर मुझे जीना था, कुछ करना था। मैंने मन ही मन कुछ अलग करने की ठानी, जो औरों के लिए एक मिसाल बने।"

अरुणिमा कहती हैं, "विकलांगता व्यक्ति की सोच में होती है। हर किसी के जीवन में पहाड़ से ऊँची कठिनाइयाँ आती हैं, जिस दिन वह अपनी कमजोरियों को ताकत बनाना शुरू करेगा, हर ऊँचाई बौनी हो जाएगी। मैं एवरेस्ट की चोटी पर चढ़कर खूब रोई थी, लेकिन मेरे आँसुओं के अधिकांश अंश खुशी के थे। दुख को मैंने पीछे छोड़ दिया था और दुनिया की सबसे ऊँची चोटी से ज़िंदगी को नए अंदाज से देख रही थी।"

साहस और हौसले की जीती जागती मिसाल अरुणिमा सिन्हा को भारत सरकार ने वर्ष 2015 में पद्मश्री से सम्मानित किया। इस अवसर पर भारतीय प्रधानमंत्री नरेंद्र मोदी जी ने सिन्हा की पुस्तक 'बॉर्न अगेन ऑन द माउंटेन' का अनावरण भी किया था।

उत्तर प्रदेश के सुल्तानपुर जिले में भारत भारती संस्था द्वारा सिन्हा को इस अद्भुत कार्य में सफलता पर 'सुल्तानपुर रत्न सम्मान' से नवाजा गया है। सन 2016 में अरुणिमा सिन्हा को 'अम्बेडकर नगर रत्न' देकर सम्मानित किया जा चुका है।

अरुणिमा सिन्हा जी की कहानी भारत की हर एक महिला के लिए रियल हॉलीवुड की प्रेरणादायक स्टोरी है। जीवन में परिस्थितियाँ कभी भी हमारे अनुकूल नहीं होतीं। यदि हमारी लक्ष्य के प्रति स्पष्ट दृष्टि हो, तो यकीनन रास्ते अपने आप निकल आते हैं।

अद्भुत साहस और वीरता की प्रतिमूर्ति अरुणिमा ने अपने भाग्य भरोसे दर्द को देख देखकर रोने की बजाय अपने हौसलों को कभी पस्त नहीं होने दिया, जिसका परिणाम हम सभी के सामने हैं। भले ही व्यक्ति शारीरिक बल से कमजोर हो, मगर अगर उसके हौसले बुलंद हों और आत्मविश्वास से परिपूर्ण हो, तो वह किसी भी कठिन कार्य को भी सरलता से कर सकता है।

अरुणिमा सिन्हा की कहानी हम सभी भारतीयों के लिए प्रेरणा का स्रोत है। इस तरह की साहसी युवतियाँ न सिर्फ अपने देश का गौरव बढ़ा रही हैं, बल्कि वे हमारे समाज को नई प्रेरणा भी दे रही हैं।

पूरा हिंदुस्तान उनकी बहादुरी को सलाम करता है।

"मंजिल मिल ही जाएगी भटकते हुए ही सही, गुमराह तो वो हैं जो घर से निकले ही नहीं।"

सात समिट्स पर पहुँचीं अरुणिमा

चोटी का नाम	**ऊँचाई (फिट में)**
एवरेस्ट (एशिया)	29,035
किलिमंजारो (अफ्रीका)	19,340
कोजिअस्को (आस्ट्रेलिया)	7310
माउंट विन्सन (अंटार्कटिका)	16,050
एल्ब्रूज (यूरोप)	18,510
कास्टेन पिरामिड (इंडोनेशिया)	16,024
माउंट अकंकागुआ (दक्षिण अमेरिका)	22837

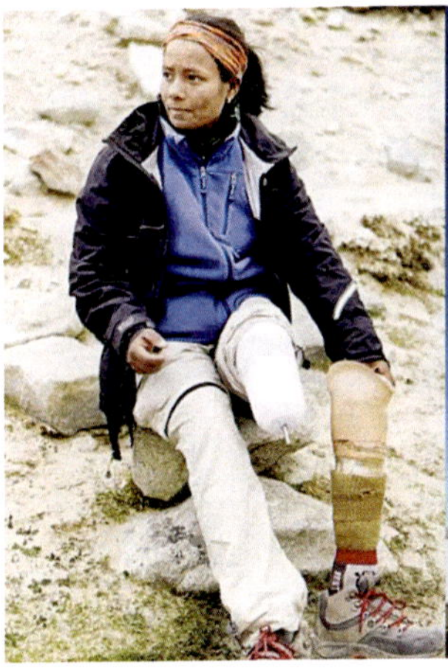

ललक, मानसिक ताकत और इच्छाशक्ति है, तो फिर कोई भी दुर्बलता उसे रोक नहीं सकती।

अरुणिमा कहती हैं, "मैं बस इतना कहना चाहती हूँ कि परिस्थितियाँ बदलती रहती हैं। पर हमें अपने लक्ष्य से भटकना नहीं चाहिए, बल्कि उनका सम्मान और सामना करना चाहिए। जब मैं हॉकी स्टिक लेकर खेलने जाती, तो मोहल्ले के लोग मुझ पर हँसते थे, मेरा मजाक उड़ाते थे।

शादी हुई और फिर तलाक, तब भी मैंने हार न मानी। बड़ी बहन और मेरी माँ ने मेरा साथ दिया। हादसे के बाद मेरे जख्मों को कुरेदने वाले बहुत थे, पर मरहम लगाने वाले बहुत कम। इतना कुछ होने के बाद मैंने अपने लक्ष्य को पाने के लिए पूरा जोर लगा दिया। अंततः मुझे सफलता मिली।"

"ट्रेन हादसे में मैंने अपना पैर गंवा दिया था। अस्पताल में बिस्तर पर बस पड़ी रहती थी। परिवार के सदस्य, मेरे अपने मुझे देखकर पूरा दिन रोते, हमें सहानुभूति की भावना से अबला और बेचारी कहकर संबोधित करते। यह मुझे मंजूर न था। पर मुझे जीना था, कुछ करना था। मैंने मन ही मन कुछ अलग करने की ठानी, जो औरों के लिए एक मिसाल बने।"

अरुणिमा कहती हैं, "विकलांगता व्यक्ति की सोच में होती है। हर किसी के जीवन में पहाड़ से ऊँची कठिनाइयाँ आती हैं, जिस दिन वह अपनी कमजोरियों को ताकत बनाना शुरू करेगा, हर ऊँचाई बौनी हो जाएगी। मैं एवरेस्ट की चोटी पर चढ़कर खूब रोई थी, लेकिन मेरे आँसुओं के अधिकांश अंश खुशी के थे। दुख को मैंने पीछे छोड़ दिया था और दुनिया की सबसे ऊँची चोटी से ज़िंदगी को नए अंदाज से देख रही थी।"

साहस और हौसले की जीती जागती मिसाल अरुणिमा सिन्हा को भारत सरकार ने वर्ष 2015 में पद्मश्री से सम्मानित किया। इस अवसर पर भारतीय प्रधानमंत्री नरेंद्र मोदी जी ने सिन्हा की पुस्तक 'बॉर्न अगेन ऑन द माउंटेन' का अनावरण भी किया था।

उत्तर प्रदेश के सुल्तानपुर जिले में भारत भारती संस्था द्वारा सिन्हा को इस अद्भुत कार्य में सफलता पर 'सुल्तानपुर रत्न सम्मान' से नवाजा गया है। सन 2016 में अरुणिमा सिन्हा को 'अम्बेडकर नगर रत्न' देकर सम्मानित किया जा चुका है।

अरुणिमा सिन्हा जी की कहानी भारत की हर एक महिला के लिए रियल हॉलीवुड की प्रेरणादायक स्टोरी है। जीवन में परिस्थितियाँ कभी भी हमारे अनुकूल नहीं होतीं। यदि हमारी लक्ष्य के प्रति स्पष्ट दृष्टि हो, तो यकीनन रास्ते अपने आप निकल आते हैं।

अद्भुत साहस और वीरता की प्रतिमूर्ति अरुणिमा ने अपने भाग्य भरोसे दर्द को देख देखकर रोने की बजाय अपने हौसलों को कभी पस्त नहीं होने दिया, जिसका परिणाम हम सभी के सामने हैं। भले ही व्यक्ति शारीरिक बल से कमजोर हो, मगर अगर उसके हौसले बुलंद हों और आत्मविश्वास से परिपूर्ण हो, तो वह किसी भी कठिन कार्य को भी सरलता से कर सकता है।

अरुणिमा सिन्हा की कहानी हम सभी भारतीयों के लिए प्रेरणा का स्रोत है। इस तरह की साहसी युवतियाँ न सिर्फ अपने देश का गौरव बढ़ा रही हैं, बल्कि वे हमारे समाज को नई प्रेरणा भी दे रही हैं।

पूरा हिंदुस्तान उनकी बहादुरी को सलाम करता है।

"मंजिल मिल ही जाएगी भटकते हुए ही सही, गुमराह तो वो हैं जो घर से निकले ही नहीं।"

सात समिट्स पर पहुँचीं अरुणिमा

चोटी का नाम	ऊँचाई (फिट में)
एवरेस्ट (एशिया)	29,035
किलिमंजारो (अफ्रीका)	19,340
कोजिअस्को (आस्ट्रेलिया)	7310
माउंट विन्सन (अंटार्कटिका)	16,050
एल्ब्रूज (यूरोप)	18,510
कास्टेन पिरामिड (इंडोनेशिया)	16,024
माउंट अकंकागुआ (दक्षिण अमेरिका)	22837

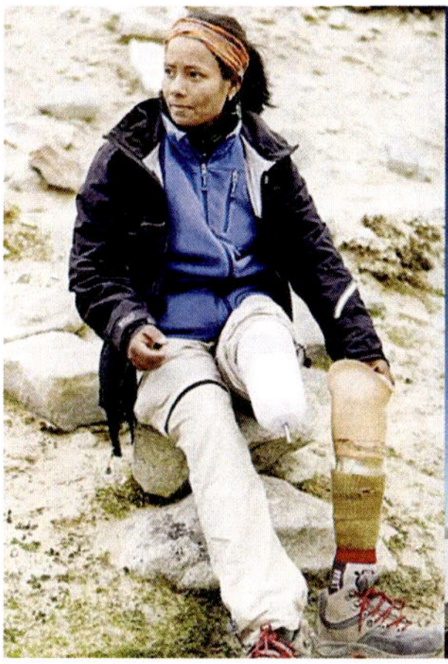

4.
मेजर डी. पी. सिंह

शरीर में चुभे धातु के पचास तीखे टुकड़े, टूटी हुई पसलियाँ, सुनने में परेशानी, कुहनी और घुटनों की चोटें, ज़ख्मी लिवर और खराब यूरिनरी ब्लैडर जैसी परेशानियों से घिरे होने के बावजूद मेजर सिंह चुटकी लेते हुए कहते हैं, "मेरे शरीर में हर चीज टूटी हुई है, सिवाय मेरी मुस्कान के"

एक स्वर्णिम मुस्कान के साथ यह बात कहते हैं मेजर डी. पी. सिंह – वह कारगिल हीरो, जो मौत और विकलांगता को हराकर बने भारत के पहले ब्लेड रनर। दरअसल, कारगिल के युद्ध में अपने पैर खो चुके रिटायर्ड आर्मी अफसर मेजर डी. पी. सिंह अपने कृत्रिम पैर के साथ भारत के

पहले ब्लेड रनर हैं। अब तक 21 से भी ज्यादा मैराथन में दौड़ चुके मेजर सिंह का नाम लिम्का बुक ऑफ वर्ल्ड रिकॉर्ड्स में भी शामिल है।

मेजर डी. पी. सिंह, जो कारगिल युद्ध में अपना एक पांव गंवा चुके हैं, जिनके अस्पताल में भर्ती होते ही डॉक्टर ने साथी फौजियों से कहा था, “आप इन्हें मोर्चरी में ले जाइये।” लेकिन जीवट से लबालब वो भरपूर ज़िंदगी जीते रहे और चैंपियन मैराथन रनर बने।

मेजर डी. पी. सिंह भारतीय सेना के एक सेवानिवृत्त अधिकारी हैं और अपने अंग-विच्छेदन के बाद, उन्होंने धीरे-धीरे कृत्रिम अंग का उपयोग करके दौड़ना शुरू किया और अपने दौड़ करियर में वह अब तक 26 हाफ-मैराथन में दौड़ चुके हैं। इसमें लेह में 11,700 फीट (3,600 मीटर) तक की अत्यधिक ऊँचाई पर तीन हाफ-मैराथन शामिल हैं। लिम्का बुक ऑफ रिकॉर्ड्स ने उनका नाम अपनी “पीपल ऑफ द ईयर 2016” सूची में जोड़ा।

मेजर देवेंद्र पाल सिंह का जन्म 13 जनवरी 1974 को जगाधरी, भारत में हुआ था। हालांकि, आधिकारिक रिकॉर्ड में उनकी जन्म तिथि 13 सितंबर 1973 है। संयोग से, उन्हें एक बार मृत घोषित कर दिया गया था, जब कारगिल युद्ध के दौरान, घायल होने के बाद, उन्हें निकटतम अस्पताल में ले जाया गया था। वे 15 जुलाई 99 को अपनी मृत्यु और पुनर्जन्म दिवस के रूप में मानते हैं।

किस्से नाना-नानी के

मेजर डी. पी. सिंह कहते हैं कि परिस्थितियों की चुनौती को स्वीकार कर उन पर विजय पाना ही सफलता की पहली सीढ़ी है। एक किस्सा सुनाते हुए उन्होंने कहा कि उनका बचपन दादा-दादी के साथ गुजरा। दादा जितने अनुशासित थे, दादी उससे भी ज्यादा सख्त थीं। मुझे दोनों का

अनुशासन तानाशाही लगता था। वहीं, नाना-नानी के यहाँ इसके उलट बहुत प्यार मिलता था।

“ऐसे में एक दिन गुस्से में घर से पैदल ही नाना-नानी के घर भाग निकला। एक जानकार ने शहर की सीमा के पास देखा तो साइकिल पर बैठाकर बिना कुछ कहे घर के दरवाजे पर लाकर छोड़ दिया। तब मैं 12 वर्ष का था। मन में बस यही चल रहा था कि जहाँ से चला वहीं लौट आया, इसलिए अब जो भी परिस्थिति हो, खुद को बेहतर बनाऊँगा।”

ईश्वर ने दिए भरपूर मौके

वह कहते हैं कि, “आज समझ आता है कि आप परिस्थितियों से भागेंगे तो जीवन को अंधकार की ओर ले जाएँगे।” मेजर डी.पी. सिंह ने बताया कि वह रुड़की में रहते थे। पिता की नौकरी लगी तो अटारी चले गए, लेकिन जल्द ही पिता की नौकरी चली गई।

घर की आर्थिक स्थिति बिगड़ गई। पिता मानसिक रूप से परेशान रहने लगे। आठवीं पास मेरी माँ ने मुझे दादा-दादी के पास रुड़की भेज दिया और जैसे-तैसे दसवीं पास कर ए.एन.एम. का कोर्स किया और निजी अस्पताल में काम करने लगीं। दादा-दादी के साथ पूरे अनुशासन में मुझे तराशा जा रहा था। घर से भागकर पैदल ही रास्ता तय करने का जज़्बा मुझे आर्मी की तरफ ले गया।

लोगों ने तोड़ने के लिए खूब लालच दिया, लेकिन मेरा लक्ष्य स्पष्ट था।

मेजर डी.पी. सिंह ने बताया कि आर्थिक स्थिति ठीक नहीं थी और एनडीए में चयन नहीं हो पाया। मुझे आर्मी में अफसर बनना था। इसके लिए

स्नातक तक अध्ययन ज़रूरी था। बैंक में क्लर्क की जगह निकली तो फॉर्म भर दिया। चयन हुआ तो नौकरी के साथ बी.ए. भी कर ली। उसके बाद सभी को बताकर एस.एस.बी. की परीक्षा के लिए निकल गया। अतिउत्साह में फेल हो गया। वापस लौटा तो लोगों ने कहा, "आर्मी छोड़ो, इसी ओर ध्यान दो, अच्छा भविष्य है तुम्हारा," लेकिन मन में लक्ष्य तय था। दोबारा एस.एस.बी. की परीक्षा दी और पास की। इस दौरान बस भगवत गीता के शब्द 'कर्म करो, फल की चिंता मत करो' याद रहे।

मन पर काबू पा लिया तो सफलता आपके कदम चूमेगी।

डी.पी. सिंह ने कहा, "घर में सख्ती के कारण कोई विकल्प नहीं था, इसलिए मन मारकर जो तय हुआ है वही करना पड़ता था। गुरुद्वारे जाना अनिवार्य था। वहाँ पाठ चलता रहता था। इससे मेरी इतिहास की जानकारी मजबूत हुई। यहाँ से मेरे मन में बीज बोया गया कि लक्ष्य तय करना बहुत ज़रूरी है, नहीं तो आप भटकते रहेंगे।"

"जब मेरा पैर खराब हुआ तो मुझे दुख नहीं हुआ क्योंकि पाठ में सुना था कि गुरुओं ने तो अपना सर्वस्व न्योछावर किया था, मैंने तो केवल पैर गंवाया है। यहाँ से मन पर काबू करना आया। अभाव की ज़िंदगी में भी जो प्रसन्न रहे, सच्चे मायने में वही सर्वगुण संपन्न है। जीवन में विकल्प मिलते हैं तो मन पर काबू नहीं पाया जा सकता है। गुरुग्रंथ साहिब में कहा गया है कि 'मन जीते, जग जीते।'"

जीवटपूर्ण सैन्य जीवन

उन्होंने अपनी वरिष्ठ माध्यमिक शिक्षा केंद्रीय विद्यालय रुड़की से प्राप्त की। उन्होंने चौधरी कारण सिंह विश्वविद्यालय, मेरठ से कला स्नातक की

डिग्री प्राप्त की। मेजर सिंह ने 6 दिसंबर 1997 को भारतीय सैन्य अकादमी (101वां कोर्स, नियमित बैच) से स्नातक की उपाधि प्राप्त की और उन्हें 7वीं बटालियन, डोगरा रेजिमेंट में कमीशन दिया गया था। चोट लगने के बाद, 2002 में, वह आर्मी ऑर्डनेंस कोर में परिवर्तित हो गए। 10 साल तक सेवा देने के बाद वह 2007 में भारतीय सेना से सेवानिवृत्त हुए।

जीवन, जीवटता, जज़्बा, जुनून, और ज़िंदगी – यह सब कुछ जिस नाम से जुड़ा है, वह है मेजर देवेंद्र पाल सिंह उर्फ डी.पी. सिंह 1995 में इंडियन मिलिट्री एकेडमी ज्वाइन की। 1999 में जब वह कारगिल युद्ध लड़ रहे थे, तो उस समय उनकी उम्र महज 25 साल थी।

मेजर डी. पी. सिंह कारगिल युद्ध (ऑपरेशन विजय) के दौरान भारत के लिए लड़ते समय सिंह अखनूर सेक्टर में एलओसी पर घायल हो गए थे। तारीख 13 जुलाई 1999, सुबह का समय था। डी.पी. सिंह जम्मू-कश्मीर के अखनूर सेक्टर में सरहद पर बनी एक पोस्ट संभाले हुए थे। उनकी टीम में 30 जवान थे। सन्नाटा पसरा था, गोलीबारी बंद थी। दुश्मन की पोस्ट उनकी पोस्ट से मात्र 80 मीटर की दूरी पर थी। जिन फिजाओं में केसर की सुगंध आनी चाहिए थी, वहाँ बारूद की दुर्गंध हवा में दूर तक फैली हुई थी। सभी सजग थे और शत्रु के वार और अपने प्रतिकार की मानसिक व्यूह रचना कर रहे थे।

दो दिन बाद यानी 15 जुलाई को फायरिंग फिर से शुरू हो गई। वह अपने बंकर के बाहर मोर्चा संभाले हुए थे। वह पाकिस्तानी सेना की चौकी से 80 मीटर दूर थे और दुश्मन लगातार मोर्टार फायर कर रहा था। उनके इलाके को भी निशाना बनाया जा रहा था। हर बार मोर्टार पहले से ज्यादा नजदीक आकर फट रहे थे। हर बार के फायर के बाद दुश्मन सैनिक अपना निशाना दुरुस्त कर रहे थे।

इस बार दुश्मनों ने दो मोर्टार दागे, पहले से तो वे बच गए, लेकिन दूसरा ठीक उनके बगल में 1.5 मीटर की दूरी पर आकर गिरा, तेज धमाका हुआ, वे झटके से जमीन पर दूर जा गिरे। शरीर से खून के फव्वारे उड़ रहे थे, चार साथियों ने उन्हें भीषण गोलीबारी के बीच से एक सुरक्षित जगह पर पहुँचाया और लगभग ढाई घंटे बाद उन्हें अखनूर के सैनिक अस्पताल पहुँचाया।

अस्पताल की एमर्जेंसी में क्षत विक्षित उनके दाहिने पैर का एक हिस्सा तत्काल काट दिया गया क्योंकि उसमें गैंग्रीन हो गया था। वहाँ कुछ समय बाद ही डॉक्टरों ने उन्हें मृत घोषित कर दिया। पर उनके हौसले और मनोबल ने मौत को भी हरा दिया। मेजर सिंह महीनों सैन्य अस्पताल के कृत्रिम अंग केंद्र में भर्ती रहे, जहाँ पर डॉक्टरों ने उन्हें बताया कि उनके एक पैर को काटना पड़ेगा।

“मुझे कभी नहीं लगा कि मैं मर रहा था। जिस क्षण इंसान हार मान लेता है, वह मर जाता है। फिर डॉक्टर भी आपको बचा नहीं सकते। यह मेरे लिए भगवान का दिया हुआ रास्ता था। जब गैंग्रीन से मेरा पैर प्रभावित हुआ, तो मैं हार मान सकता था। लेकिन मैंने इसे एक चुनौती की तरह लिया। मैंने खुद से कहा कि चलो देखते हैं कि लोग एक पैर के बिना कैसे जीते हैं,” मेजर डी. पी. सिंह ने अपनी वेबसाइट पर लिखा।

मेजर सिंह ने अपने परिवार को भी कभी खुद के लिए अफसोस नहीं जताने दिया। उन्होंने अपने माता-पिता को हमेशा भरोसा दिलाया कि वे बिल्कुल ठीक हैं।

“उस विस्फोट में मेरे साथ और भी साथी घायल हुए थे, सबने अपने शरीर के महत्वपूर्ण अंगों को खोया था, अब हम सबको एक-दूसरे का हाथ

पकड़कर चलना था। हमारी देशभक्ति ने जो रिश्ता जोड़ा वह हर रिश्ते से बड़ा था," मेजर सिंह ने बताया।

साधारण सैनिक का एक पुनर्जन्म होता है और असाधारण के दो

कहते हैं कि "जाको राखे साइयां मार सके न कोय।" किस्मत से उस दिन एक सीनियर डॉक्टर विजिट पर उसी अस्पताल में पहुँचे, जहाँ डी.पी. सिंह को लाया गया था। उन्होंने देखा कि जिसे डेड डिक्लेयर किया गया है, उसकी तो सांसें चल रही हैं। उन्होंने कोशिश की और डी.पी. बच गए।

वो बताते हैं कि तीन दिन बाद जब मुझे होश आया, तो मैं अखनूर के हॉस्पिटल में था। पता चला कि मुझे गैंग्रीन हो गया है, जिसके बाद मुझे वहाँ से उधमपुर शिफ्ट कर दिया गया, जहाँ डॉक्टरों ने बताया कि मेरा पैर गल चुका है और अब इसे काटने के अलावा कोई और ऑप्शन नहीं है।

"मैं कुछ देर चुप रहा, फिर डॉक्टरों से कहा, 'प्लीज गो अहेड, इसमें कुछ भी नहीं रखा है।' यह यकीन करना मुश्किल था कि मेरा एक पैर अब नहीं रहेगा, लेकिन मैंने इसे एक चुनौती के रूप में स्वीकार किया और खुद से वादा किया कि जीवन में क्वालिटी से कभी समझौता नहीं करूँगा। यह मेरे लिए पुनर्जन्म था, वरना मैं तो मर चुका था। वो डॉक्टर नहीं आते तो मेरा अंतिम संस्कार कर दिया जाता। मुझे बहुत दिनों तक यह भी पता नहीं चला कि मेरी जान बचाने वाला डॉक्टर कौन था और कहाँ है।" 20 साल बाद डी.पी. उस डॉक्टर से मिल पाए। डॉक्टर का नाम कर्नल राजिंदर सिंह है, जो अब रिटायर हो चुके हैं और कैलिफोर्निया में रहते हैं।

एक अजीब इत्तेफाक

मेजर सिंह बंकर में मोर्टार से बेहोश होने की घटना का जिक्र करते हुए एक मजेदार वाकये का जिक्र करते हैं। बताते हैं कि जब वह सेना में

कमीशन हुए थे, तो ताइक्वांडो सीखते हुए घुटने में काफी चोट आ गई थी। जिस डॉक्टर के पास गए, उन्होंने दो उठक बैठक कराई और कहा कि कुछ नहीं, सही है। फिर एक बार एक उंगली में चोट आ गई। जहाँ मेरी पोस्टिंग थी, फिर वही डॉक्टर मिल गए। कहे कुछ नहीं हुआ, जबकि उंगली में काफी दिक्कत आ गई थी और जब बंकर में बम फटा और जिस डॉक्टर ने मुझे मृत घोषित किया, वह भी वही थे।

वह जीवन (अब दूसरा जीवन, इसलिए और भी अधिक महत्वपूर्ण है) को पूरी तरह से जीने में विश्वास रखते हैं, इसलिए वह सभी तीन तिथियों का जश्न मनाते हैं। विशेष रूप से 15 जुलाई, जिसे केक पर अंकित करके "मृत्यु और पुनर्जन्म दिवस" के रूप में मनाया जाता है।

मरने के बाद फिर जी उठे योद्धा

मेजर डी. पी. सिंह अब एक जीवंत मिसाल बन चुके हैं। मेजर सिंह का कहना है कि बचपन से अब तक उन्हें जब-जब तिरस्कार का सामना करना पड़ा, तब-तब उनके हौसले और मुश्किलों से हार न मानने का जज़्बा और मजबूत होता चला गया।

क्या खोया, क्या पाया

उनकी युद्ध की चोटों और उसके दुष्प्रभावों ने कई प्रकार की विकलांगताओं से ग्रस्त व्यक्ति बना दिया है, जिससे वे 100% से अधिक विकलांग हो गए हैं।

उनके दाहिने पैर का विच्छेदन हुआ है। यह घुटने के मध्य से, एक दुर्लभ और कठिन विच्छेदन होता है, जिसके कारण कृत्रिम अंग फिट करना एक चुनौती बन जाता है। उन्हें द्विपक्षीय उच्च आवृत्ति श्रवण हानि (विस्फोट

ध्वनिक आघात) है और उनकी आंतों का आंशिक निष्कासन किया गया है (Partial removal of intestine)। लगभग 73 छर्रे (कच्चे लोहे के बम के छोटे-बड़े टुकड़े उनके शरीर के विभिन्न अंगों में धंसे हुए हैं, जिनमें लीवर सहित पूरे शरीर के हिस्से/जोड़/हड्डियाँ प्रभावित हैं)।

युद्ध क्षेत्र बम-विस्फोट से घायल होने के कारण सिस्टिटिस सिस्टिका ग्लैंडुलरिस के लिए उनका मूत्राशय का ऑपरेशन किया गया। युद्ध की चोटों के कारण सर्वाइकल स्पोंडिलोसिस (सी5, सी6 और सी7) पर भी दुष्प्रभाव पड़ा। उनका मेनिस्कस और लिगामेंट के टूटने के लिए बाएं घुटने का ऑपरेशन किया गया। उनकी आँखों की तंत्रिका पर भी इसी मोर्टार विस्फोट का असर पड़ा, जिसके कारण प्रेसबायोपिया हुआ। वह पीटीएसडी (पोस्ट ट्रॉमेटिक स्ट्रेस डिसऑर्डर) से भी लंबे समय तक संघर्ष करते रहे हैं। हाल ही में उन्हें पार्किंसंस रोग से ग्रसित पाया गया है, जिसमें दाहिना मस्तिष्क प्रभावित होता है, जिससे ब्रैडीकिनेसिया होता है और बायीं ओर के अंगों में अनियंत्रित कंपन होता है।

पहले तो जीता दिल, फिर जीती रकम सेना को दान कर दी।

उन्होंने अप्रैल 2003 में बहुप्रसिद्ध टीवी कार्यक्रम 'कौन बनेगा करोड़पति' में हिस्सा लिया और न सिर्फ लोगों का दिल जीता, बल्कि अमिताभ बच्चन को भी अत्यंत प्रभावित किया। वह कई बार मेजर सिंह की बातों को सुनकर अचंभित हुए। कुछ पल ऐसे भी आए जब उनके युद्ध स्मरणों को सुनकर इस मेगास्टार की आँखों में आँसू भी आए। इस कार्यक्रम से जीते 17.5 लाख रुपये मेजर सिंह ने सेना और सैनिकों के विभिन्न कल्याण कार्यक्रमों के लिए दान कर दिए थे।

हार नहीं मानूँगा 2019 में, उन्होंने इतिहास में एक और अध्याय लिखा जब वह पूरे एशिया में विकलांग व्यक्तियों के बीच पहले एकल स्काईडाइवर बने। एक जांबाज़, जिसे फौज में लड़ने और आगे बढ़ने की ट्रेनिंग मिली थी, वह कैसे सहानुभूति और सहारे पर अपनी ज़िन्दगी गुजार सकता था। इसीलिए मेजर सिंह ने फैसला किया कि वे अपनी कमजोरी को ही अपनी सबसे बड़ी ताकत बनायेंगे।

“पहले बिस्तर पर लेटे रहना और फिर अपने पैरों पर खड़ा होना सीखना। एक बार फिर से चलना सीखना, पहले बैसाखी के सहारे और फिर एक कृत्रिम टांग के साथ। इस दौरान मानो मैं एक सैलाब से गुजरा।”

मेजर सिंह को फिर से दौड़ने के लिए पूरे 10 साल लगे। आसान नहीं था उनके लिए ब्लेड (कृत्रिम पैर) रनर की पहचान हासिल करना, पर उन्होंने किसी भी चुनौती को अपनी मंजिल के बीच नहीं आने दिया। साल 2009 में उन्होंने दौड़ना शुरू किया।

लगातार अनेकों बार मैराथन दौड़ चुके मेजर सिंह ने कहा कि उन्हें सेना ने कृत्रिम पैर दिलाए, जिन्हें हम ‘ब्लेड प्रोस्थेसिस’ कहते हैं। मेजर के पैर में लगा कृत्रिम पैर का निर्माण भारत में नहीं बल्कि पश्चिमी देशों में होता है। इन पैरों की इतनी अधिक कीमत देखते हुए मेजर का कहना है कि सरकार को इस तरह की प्रौद्योगिकी और डिज़ाइन वाले पैर भारत में बनाने पर गौर करना चाहिए। मेजर ने 2009 में कृत्रिम पैर के सहारे चलना सीखा था।

ब्लेड रनिंग के अपने अनुभव को बयां करते हुए मेजर का कहना है कि रनिंग के दौरान कई ऐसे मौके आए जब उन्हें बेहद पीड़ा हुई। शरीर में

इतने ज़ख्म थे कि दौड़ लगाते हुए उनके पैरों से खून रिसने लगता था, लेकिन उन्होंने कभी हार नहीं मानी।

"पहले केवल चला, फिर तेज चला और फिर दौड़ने लगा।"

वे अब तक 25 मैराथन दौड़ चुके हैं, जिसमें से 3 मैराथन उन्होंने उच्च ऊँचाई (हाई अल्टीट्यूड) पर दौड़ी हैं। इसके साथ ही उनका नाम 'लिम्का बुक ऑफ रिकॉर्ड्स' में भी दो बार दर्ज है। मेजर सिंह को विकलांग, शारीरिक रूप से अक्षम या अशक्त कहे जाने पर सख्त आपत्ति है। वह खुद को और अपने जैसे अन्य लोगों को 'चैलेंजर' यानी चुनौती देने वाला कहलाना पसंद करते हैं। लिहाजा, वह अपने जीवन में एक के बाद एक चुनौतीपूर्ण कार्य करते हैं।

उनके हौसले को देखते हुए आर्मी ने उन्हें कृत्रिम पैर (ब्लेड प्रोस्थेसिस) दिलवाए, जिनकी कीमत करीब साढ़े चार लाख रुपये है। सेना के मेजर के पद पर साहस का परिचय देने के बाद अब वह ब्लेड रनर बन गए। अब उन्होंने एक और उपलब्धि हासिल कर अपनी पहचान स्काई डाइवर के रूप में बनाई है। उन्हें 'फर्स्ट इंडियन ब्लेड मैराथन रनर' के नाम से भी पहचाना जाता है।

जुलाई 2021 में, मेजर ने नासिक में आयोजित 'Spirit of Adventure' में स्काई डाइविंग की। एक पैर के सहारे स्काई डाइविंग के जरिए मेजर ने आकाश की सैर की और अब वह एक स्थापित स्काई डाइवर भी बन गए हैं। डी.पी. सिंह को इंडियन आर्मी द्वारा स्काई डाइविंग की ट्रेनिंग दी गई थी। 'Spirit of Adventure' कार्यक्रम के दौरान तमाम डिसेबल जवानों को स्काई डाइविंग की ट्रेनिंग दी गई। ब्लेड रनर डी.पी. सिंह ने

सफलतापूर्वक आकाश में उड़ान भरी और अपने अदम्य साहस का एक बार फिर से परिचय कराया।

सन 2018 में, भारत सरकार, सामाजिक न्याय और अधिकारिता मंत्रालय ने उन्हें रोल मॉडल श्रेणी के तहत विकलांग व्यक्तियों के लिए राष्ट्रीय पुरस्कार से सम्मानित किया। 2019 में, उन्हें सभी बाधाओं के बावजूद हासिल की गई उत्कृष्टता की मान्यता में प्रतिष्ठित नागरिक पुरस्कार, 'कैविनकेयर एबिलिटी मास्टरी अवार्ड' से सम्मानित किया गया था।

उन्हें वर्ष 2018 के लिए भारतीय सेना द्वारा राजदूत के रूप में लिया गया था, जो उन सैनिकों को समर्पित वर्ष था जो ड्यूटी के दौरान विकलांग हो गए थे। शत-प्रतिशत विकलांग होने के बाद भी डीपी सिंह ने अपने शरीर का अंग-प्रत्यंग और बोन मैरो डोनेट करने का प्रण लिया है।

उनकी जीवन कहानी को 'ग्रिट: द मेजर स्टोरी, 2019' के ग्राफिक संस्मरण में वर्णित किया गया था, जिसे मेजर सिंह ने वी. आर. फोर्सेस और श्रीराम जगन्नाथन के साथ मिलकर लिखा है।

मेजर डी.पी. सिंह ने साबित कर दिया कि

"मंजिलें उनकी ही सच होती हैं जिनमें जान होती है, पंखों से कुछ नहीं होता, हौसलों से उड़ान होती है।"

ये पंक्तियाँ मेजर डी. पी. सिंह जैसे सैनिकों पर एकदम सटीक बैठती हैं।

दिव्यांगों की प्रेरणा

वे किसी वजह से पैर गंवा देने वाले लोगों को कृत्रिम अंगों के जरिए धावक बनने की प्रेरणा दे रहे हैं। वे जीवन की कठिन से कठिन परिस्थिति

से जूझने को तैयार हैं और उसे चुनौती के रूप में लेते हैं। साल 2011 में, डीपी सिंह ने एक एनजीओ 'द चैलेंजिंग वन्स' की स्थापना की, ताकि उनकी तरह शारीरिक रूप से दिव्यांग लोगों में हिम्मत भरकर उन्हें जीवन जीने का जज़्बा सिखा सकें।

अभी करीब 2000 लोग इससे जुड़े हैं। इनमें से 1000 से ज्यादा लोग नेशनल लेवल स्पोर्ट्स इवेंट में अपने झंडे गाड़ चुके हैं, जिनमें पैरा बैडमिंटन गोल्ड विनर मानसी जोशी भी शामिल हैं। मेजर सिंह कहते हैं कि 'द चैलेंजिंग वन्स' एक सोच है, जिसके जरिए यदि मैं किसी एक व्यक्ति को हौसला देकर फिर से खड़े होने में मदद कर रहा हूँ, तो वह दूसरा व्यक्ति किसी तीसरे की मदद करे, और तीसरा किसी चौथे की। इसी तरह कड़ियाँ जुड़ती चली जाएंगी और बदलाव आएगा।

मेजर सिंह की इन उपलब्धियों ने उन्हें अन्य दिव्यांग लोगों की मदद करने के लिए प्रेरित किया और इस तरह 'द चैलेंजिंग वन्स' का जन्म हुआ, जो लोगों के लिए एक सहायता समूह है।

दिव्यांग व्यक्तियों के पास कई व्यावसायिक ऑनलाइन प्रशिक्षण कार्यक्रमों तक पहुँच है। इसके साथ ही दिव्यांग लोगों की उनके परिवार के साथ काउंसलिंग भी की जाती है, ताकि इस यात्रा में उन्हें भरपूर समर्थन मिल सके। इसका मुख्य लक्ष्य युद्ध में दिव्यांग हुए लोगों को स्पोर्ट्स और एडवेंचर एक्टिविटी में शामिल होने के लिए प्रेरित करना है, ताकि उनका आत्मविश्वास और मनोबल बढ़ाया जा सके।

मेजर सिंह द्वारा की गई यह पहल एक व्यक्ति पर पड़ने वाले गहरे प्रभाव को दर्शाती है। अगर ज्यादा लोग इसी तरह के प्रोग्रेसिव माइंडसेट के हों, तो समाज में बड़ा बदलाव देखने को मिल सकता है।

दिव्यांगों के लिए एक बेहतर समाज बनाना

इस विषय को बनाने में हुई तरक्की के बारे में बात करते हुए मेजर सिंह ने कहा:

"पिछले दशक में बहुत सारे बदलाव हुए हैं। पब्लिक ने दिव्यांग लोगों को किसी और सामान्य इंसान की तरह ही स्वीकार करना शुरू कर दिया है और यह मेरे जैसे लोगों के कामों की वजह से संभव हुआ है। यहाँ तक कि सरकार ने भी जमीनी स्तर पर, खासकर खेल के क्षेत्र में काम करने के प्रयास किए हैं। खेलों के प्रभाव के कारण दिव्यांगों के प्रति मानसिकता बदल रही है।"

मेजर सिंह की इस पहल में तकनीक भी अहम भूमिका निभा रही है। बहुत से लोगों से वे व्हाट्सएप के जरिए जुड़े हुए हैं। इन्हीं व्हाट्सएप ग्रुप्स में सभी अपनी कहानियाँ और प्रेरणादायक कहानियाँ साझा करते हैं।

सात साल कॉर्पोरेट में काम कर चुके मेजर सिंह, मैराथन रनर के साथ-साथ एक प्रेरक वक़्ता भी हैं। उन्होंने टेड एक्स, इंडियन इनक्लूजन समिट जैसे मंचों पर भी अपने अनुभवों को साझा किया है।

एक विद्यालय के दौरान, उन्होंने विद्यार्थियों को 'आई कैन- मैं कर सकता हूँ ... ' पर आधारित सफलता का मूल मंत्र देते हुए बताया कि कैसे उन्होंने अपने जीवन में ज़िंदगी और मौत की लड़ाई लड़कर विकलांगता पर विजय पाते हुए एक बार फिर से दौड़ने का हौसला पैदा किया।

इसी भावना से प्रेरणा लेकर वह एक सफल स्काई डाइवर भी बन पाए। मेजर डी. पी. सिंह ने भारत और कनाडा में 12,500 फीट की

ऊँचाई से स्काई-डाइविंग की है। उनका जीवन में आगे बढ़ते हुए नई सफलताएँ हासिल करने का क्रम चलता रहा और आज मेजर डी. पी. सिंह स्काइडाइविंग करने वाले भारतीय सेना के पहले दिव्यांग सैनिक बन गए हैं, जब उन्होंने नासिक में पहली बार सफल स्काईडाईविंग की।

वे अक्सर श्रीमद्भगवत गीता और गुरबाणी से प्रेरणा लेते हैं, और विद्यार्थियों को भी ऐसी रचनाओं से प्रेरणा लेनी चाहिए।

'द बेटर इंडिया' के जरिए, वे केवल एक संदेश लोगों तक पहुँचना चाहते हैं। उनका कहना है,

"हमारे संविधान के अनुसार प्रत्येक नागरिक के कुछ मुलभूत अधिकार और कर्तव्य हैं। पर विडंबना यह है कि आज लोग केवल अधिकारों की बात करते हैं जबकि अपने कर्तव्यों की तरफ उनका कोई ध्यान नहीं है। मेरा मानना है कि यदि हर कोई अपना कर्तव्य पूरा करे तो अधिकार स्वयं ही आपको मिल जाएंगे।"

मेजर डी. पी. सिंह के जीवन का एक पहलू और भी है। वह यह कि वह सिंगल पैरेंट हैं और उन्होंने अपने बेटे को वैसे ही बड़ा किया जैसे एक परिवार में बच्चे की परवरिश होती है। मेजर सिंह का बचपन भी सामान्य नहीं था। ऐसे पूरे जीवन की जीवटता को समेटे जल्द ही एक कॉमिक्स लॉन्च होने जा रही है। यहाँ भी जीवटता का आलम यह है कि इस कॉमिक्स की पूरी आय एनजीओ को जाएगी।

मेजर सिंह उन विरले लोगों में से एक हैं जो दूसरों की राह तकने की बजाय खुद समाज के लिए बदलाव बनते हैं। उनका जीवन निःसंदेह लोगों के लिए प्रेरणा है। हम सलाम करते हैं मेजर सिंह के हौसले और इरादों को।

उनका मानना है कि “हमें कभी ज़िंदगी में कमजोर नहीं पड़ना चाहिए। खुद में हौसला व आत्मविश्वास पैदा करके हम कठिन परिस्थितियों से पार पा सकते हैं। खुद को कमजोर न समझें। ये कभी न सोचें कि यह काम मुझसे नहीं होगा। दुनिया में ऐसा कुछ नहीं है जो नामुमकिन हो। खुद पर विश्वास हो तो कुछ भी हासिल किया जा सकता है।”

5.

डॉक्टर (मानद) दीपा मलिक, पद्म श्री, खेल रत्न

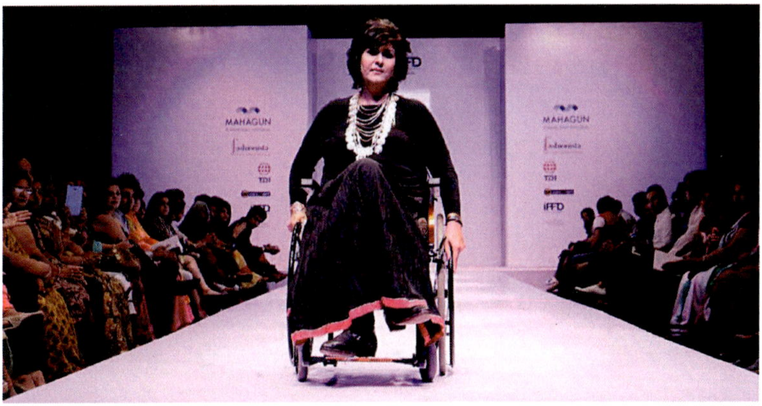

12 सितंबर, 2016 को भारतीय दल की सबसे उम्रदराज एथलीट—45 वर्षीय दीपा मलिक ने पैरालंपिक खेलों में पदक जीतने वाली पहली भारतीय महिला एथलीट बनकर इतिहास रच दिया। 2016 रियो समर पैरालंपिक में शॉट पुट में रजत पदक जीता। जिस उम्र में ज़्यादातर महिलाएँ मध्य आयु-जीवन संकट से गुज़र रही होती हैं, उस उम्र में वह अपने हाथ में पदक पकड़े हुए थीं।

एक आर्मी परिवार में पली-बढ़ी और एक आर्मी ऑफिसर से विवाहित, वह उन कठिनाइयों का सामना करने की आदी हैं जिनका सामना करने के बारे में हममें से ज़्यादातर लोग सोच भी नहीं सकते। वह दो बेटियों की एक गौरवशाली माँ हैं।

दीपा कभी भी विपरीत परिस्थितियों से घबराई नहीं हैं। वह कई तरह की भूमिकाएँ निभाती हैं—एक पैरालंपिक एथलीट, एक मोटर रैली ड्राइवर, एक तैराक, एक स्पोर्ट्स बाइक रेसर, एक उद्यमी, एक प्रेरक वक़्ता और एक प्रमुख विकलांगता कार्यकर्ता। लगभग 20 वर्षों तक छाती से नीचे के पक्षाघात और रीढ़ की हड्डी के ट्यूमर के उपचार के मध्य, डॉ. दीपा मलिक एक विशेष मिशन पर हैं—विकलांगता से परे क्षमता।

वह एक उत्कृष्ट अंतर्राष्ट्रीय खिलाड़ी हैं और भारत के पाँच प्रतिष्ठित राष्ट्रपति पुरस्कारों और सम्मानों की प्राप्तकर्ता हैं—पद्म श्री (गृह मंत्रालय); अर्जुन पुरस्कार (युवा मामले और खेल मंत्रालय); राष्ट्रपति का राष्ट्रीय रोल मॉडल पुरस्कार (सामाजिक न्याय और अधिकारिता मंत्रालय); वीमेन ट्रांसफॉर्मिंग इंडिया अवार्ड (नीति आयोग, संयुक्त राष्ट्र भारत और माईगॉव) और 'फर्स्ट लेडीज़ अवार्ड' (महिला एवं बाल विकास मंत्रालय) के साथ-साथ 5 राज्य सरकारों का सम्मान।

डॉ. (मानद) दीपा मलिक को भारत में खेल और साहसिक खेलों के क्षेत्र में उनके उत्कृष्ट योगदान के लिए आईटीएम विश्वविद्यालय, भारत द्वारा मानद डॉक्टरेट की उपाधि से सम्मानित किया गया है; और सामाजिक कार्यों में उनके योगदान के सम्मान में रैफल्स विश्वविद्यालय, भारत द्वारा एक और मानद डॉक्टरेट की उपाधि से सम्मानित किया गया है।

उन्होंने विभिन्न खेल स्पर्धाओं में 18 अंतर्राष्ट्रीय और 54 से अधिक राष्ट्रीय पदक जीते हैं। उनके द्वारा भाग लिए गए अंतर्राष्ट्रीय खेल आयोजनों की सूची देखने में कुछ मिनट से अधिक समय लगेगा और उनके नाम पर 4 लिम्का वर्ल्ड रिकॉर्ड दर्ज हैं। उन्हें अपनी उपलब्धियों के लिए कई अन्य पुरस्कार और मान्यता भी मिली है। उन्हें 2012 में 42 वर्ष की आयु में प्रतिष्ठित अर्जुन पुरस्कार से सम्मानित किया गया, जिससे वे अर्जुन पुरस्कार पाने वाली सबसे उम्रदराज व्यक्ति बन गईं। उन्हें 2017 में प्रतिष्ठित पद्म श्री पुरस्कार भी दिया गया था।

वह भले ही व्हीलचेयर तक ही सीमित हों, लेकिन उनका दिल उन्हें वहाँ ले जाता है, जहाँ हमारे पैर नहीं ले जाते।

उनके प्रयासों की मान्यता में, दीपा मलिक को भारत और न्यूजीलैंड के लोगों के बीच द्विपक्षीय मैत्रीपूर्ण संबंधों को मजबूत करने के लिए पीएम जैकिंडा अर्डर्न द्वारा 2019 के लिए न्यूजीलैंड के 'सर एडमंड हिलेरी प्रधान मंत्री के फेलो' के रूप में चुना गया है। वह एक प्रेरक वक़्ता हैं जिन्हें अंतर्राष्ट्रीय मानवाधिकार परिषद के 'असाधारण वक़्ता पुरस्कार' से सम्मानित किया गया है, साथ ही उनके नाम पर कई अन्य प्रतिष्ठित पुरस्कार और सम्मान उपाधियाँ भी हैं।

एडवेंचर श्रेणी में उनके नाम चार लिम्का वर्ल्ड रिकॉर्ड हैं। वह अपनी विकलांगता श्रेणी (एफ-53) में अंतर्राष्ट्रीय स्तर के खेलों में देश का प्रतिनिधित्व करने वाली पहली महिला हैं। वह पहली भारतीय पैराप्लेजिक महिला तैराक, बाइकर और कार रैलीस्ट भी हैं।

तैराकी, भाला फेंक, शॉटपुट और डिस्कस स्पर्धाओं में 23 अंतर्राष्ट्रीय पदक और 68 राष्ट्रीय और राज्य स्तरीय पदकों के साथ, उन्हें अंतर्राष्ट्रीय

पैरालंपिक समिति द्वारा दुनिया की 10 सबसे प्रेरणादायक महिला पैरा-एथलीटों में से एक के रूप में सूचीबद्ध किया गया है। उन्हें ग्रेट एशिया वुमन अचीवर्स अवार्ड्स 2017 द्वारा 2017 में शीर्ष 10 एशियाई महिला नेताओं में से एक के रूप में स्थान दिया गया है।

विश्व विख्यात फौलादी इरादे

दीपा मलिक ने एथलेटिक्स के साथ-साथ एशियाई खेलों में पदक जीतने वाली पहली भारतीय महिला पैरा एथलीट बनकर इतिहास रच दिया है। पहली बार महिला विश्व चैम्पियनशिप पदक। वह किसी भी खेल में भारत की पहली महिला पैरालंपिक पदक विजेता भी हैं। उन्होंने लगातार तीन एशियाई खेलों में पदक जीतने वाली एकमात्र भारतीय महिला एथलीट बनकर इतिहास रचा है और वर्षों तक भाला फेंक में एशियाई रिकॉर्ड बरकरार रखा है।

उन्होंने धारा के विपरीत एक किलोमीटर तक यमुना नदी पार करके खुली नदी में तैराकी का विश्व रिकॉर्ड भी अपने नाम किया है। वह भारत में महिलाओं के लिए विकलांगता खेलों को आगे बढ़ाने में उनके योगदान के लिए अंतर्राष्ट्रीय पैरालंपिक समिति (प्रत्येक वर्ष दुनिया भर से एक महिला को सम्मानित किया जाता है) से अंतर्राष्ट्रीय महिला दिवस मान्यता प्राप्त करने वाली पहली भारतीय हैं।

दीपा विकलांग अनुकूलित कारों और मोटरसाइकिलों को चलाने में भी एक रिकॉर्ड धारक हैं; वह दुनिया की सबसे ऊँची मोटर योग्य सड़कों पर 'रेड-डी-हिमालय' कार रैली में प्रतिस्पर्धा करने के लिए रैली लाइसेंस प्राप्त करने वाली दुनिया की पहली शारीरिक रूप से विकलांग व्यक्ति (पुरुष या महिला) बन गईं। दीपा मलिक ने देश में पैरा-स्पोर्ट्स को

बढ़ावा देने और विकलांगता से परे योग्यता का संदेश फैलाने के लिए अखिल भारतीय अभियान चलाकर एक और रिकॉर्ड बनाया है।

मान, सम्मान एवं समाज को योगदान

डॉ. दीपा मलिक को भारत में खेल और साहसिक खेलों के क्षेत्र में उनके उत्कृष्ट योगदान के लिए आईटीएम विश्वविद्यालय, भारत द्वारा मानद डॉक्टरेट की उपाधि से सम्मानित किया गया है; और सामाजिक कार्यों में उनके योगदान के सम्मान में रैफल्स विश्वविद्यालय, भारत द्वारा एक और मानद डॉक्टरेट की उपाधि से अलंकृत किया गया है।

दीपा ने 12वीं पंचवर्षीय योजना (2012-2017) के निर्माण के लिए कार्य समूह के सदस्य के रूप में अपनी भूमिका में शारीरिक रूप से विकलांगों के लिए बेहतर खेल नीतियों की दिशा में बहुत योगदान दिया। दीपा प्रगतिशील और समावेशी नीतियों को लागू करने के लिए सरकार के साथ मिलकर काम करती हैं। वह नई दिल्ली नगर निगम की 'स्वच्छ भारत' ब्रांड एंबेसडर और आवास और शहरी मामलों के मंत्रालय की 'स्मार्ट सिटीज' परियोजना के लिए विकलांगता समावेशी सुलभ बुनियादी ढांचे की विशेषज्ञ सलाहकार हैं।

'व्हीलिंग हैप्पीनेस फाउंडेशन' के संस्थापक के रूप में, उन्होंने चुनौतियों से जूझ रहे व्यक्तियों के भावनात्मक स्वास्थ्य को बढ़ाने और आउटडोर खेलों, मोटर स्पोर्ट्स और साहसिक गतिविधियों के माध्यम से महिलाओं को सशक्त बनाने और पैरा स्पोर्ट्स व्यक्तियों के प्रशिक्षण और खेल उपकरण आवश्यकताओं में सहायता करने का बीड़ा उठाया है।

फाउंडेशन निम्न सामाजिक-आर्थिक स्तर के व्यक्तियों के साथ-साथ विभिन्न स्कूलों और कॉलेजों में विकलांगता खेल जागरूकता और वकालत सत्र चलाने में भी सक्षम बनाता है। फाउंडेशन ने 500 से अधिक गतिशीलता सहायता उपकरण प्रदान किए हैं।

वह एयरलाइन कर्मचारियों को विकलांगता संवेदीकरण प्रशिक्षण भी प्रदान करती है। दीपा मलिक ने कई शारीरिक रूप से अक्षम व्यक्तियों को ड्राइविंग और खेल सीखने में सहायता की है और इस प्रकार वे अधिक आत्मनिर्भर जीवन जीते हैं।

विकलांगता शरीर में कम, सोच में ज्यादा होती है!

दीपा का जन्म 30 सितंबर 1970 को हरियाणा के सोनीपत स्थित भैस्वाल गाँव में हुआ था। उनके पिता, बी. के. नागपाल, भारतीय सेना के एक अनुभवी कर्नल थे।

उन्होंने अपने एथलीट करियर की शुरुआत 30 साल की उम्र में की थी। वह पैरालंपिक खेलों में पदक जीतने वाली पहली भारतीय महिला हैं और उन्होंने 2016 ग्रीष्मकालीन पैरालिंपिक में शॉट पुट में रजत पदक जीता।

दीपा जब छह साल की थीं, तब उन्हें अचानक एक दिन पैरों में कमजोरी का अहसास हुआ। धीरे-धीरे उनका चलना-फिरना बंद हो गया और वह बिस्तर पर लेट गईं। बाद में स्पाइन ट्यूमर का पता चला। इसके बाद उनका इलाज शुरू हुआ। इससे उबरने के लिए उन्हें करीब तीन साल तक इलाज और बड़ी आक्रामक फिजियोथेरेपी करवानी पड़ी।

उन्होंने एक इंटरव्यू में बताया, “इलाज के लिए कई बार यहाँ-वहाँ आना-जाना पड़ता था। अंत में पापा ने पुणे में पोस्टिंग ली और वहाँ कमांड हॉस्पिटल में मुझे भर्ती करा दिया। उस दौरान, मैं माता-पिता को देखकर बहुत कुछ सीखती थी। मैंने उनसे पहली चीज़ सीखी - जिम्मेदारी। पेरेंट्स को इतनी जिम्मेदारियाँ निभाते देखा, तो उस छोटी सी उम्र में ही मुझे जिम्मेदारियों का एहसास हुआ। इसके अलावा, मैंने उनसे जो चीज़ें सीखी, वह थी - उम्मीद बनाए रखना, किताबों से दोस्ती करना, और यह कि ‘मेहनत का फल हमेशा मीठा होता है’। मैंने लगभग 8-9 महीने के बाद, धीरे-धीरे चलना सीखा और यह हौसला मुझे मेरे माता-पिता ने ही दिया।”

लंबे इलाज के बाद दीपा पूरी तरह ठीक हो गईं, लेकिन अस्पताल में बिताए गए समय ने उनके अंदर एक ज़िद भी पैदा कर दी। उन्होंने ठान लिया कि उन्हें जीतना है, और यह साबित करना है कि वह दूसरे ऐक्टिव और फिट बच्चों जैसी हैं। बचपन से ही, उन्होंने स्कूल में होने वाले खेलों, डिबेट, ग्रुप डांस, थिएटर, पब्लिक स्पीकिंग जैसी हर गतिविधि और प्रतिस्पर्धा में हिस्सा लेना शुरू किया था और ट्रॉफीज लेकर घर लौटती थीं।

इसी कारण, उनमें खेलों के प्रति रुचि भी बढ़ती गई। उन्होंने सोफिया कॉलेज, अजमेर से ग्रेजुएशन किया। वह वहाँ हॉस्टल में रहीं और फिर राजस्थान की क्रिकेट और बास्केटबॉल टीम जॉइन की। इसी बीच, उन्हें टू-व्हीलर से प्यार हो गया। दीपा के घर में एक लूना थी, जिसे अपने भाई से ज्यादा वह चलाती थीं। इसके बाद, उन्होंने लोगों से बाइक माँगनी शुरू कर दी। उनके पेरेंट्स की सबसे बड़ी समस्या यही थी कि वह लोगों से बाइक माँगती थीं और बड़ी दक्षता से चलाती थीं।

दीपा ने 27 जून 1989 को भारतीय सेना के अधिकारी कर्नल बिक्रम सिंह से शादी की और उनकी दो बेटियाँ हैं - देविका और अम्बिका।

उन्होंने कर्नल बिक्रम से शादी को लेकर मजेदार किस्सा शेयर करते हुए एक इंटरव्यू में बताया, "मैं छुट्टियों में घर आई थी। तभी मैंने एक यंग आर्मी ऑफिसर को एक लेटेस्ट बाइक पर देखा। मैंने उनसे भी बाइक माँगी और चलाई। उन्होंने कॉम्प्लीमेंट दिया, 'तुम तो बहुत अच्छी बाइक चलाती हो।'"

"मैंने कहा, 'शादी भी उसी से करूँगी, जो बाइक देगा।' वह अगले ही दिन मेरे घर आए और पापा से मेरा हाथ माँग लिया। यह 1989 की बात है। मैंने कॉलेज जॉइन किया ही था। साढ़े 19 साल की उम्र में शादी हो गई और पति ने वादे के मुताबिक मुझे बाइक दी। हम लोग खेलते, घूमते, बाइकिंग करते।"

दीपा की दूसरी प्रेग्नेंसी के दौरान फिर से परेशानियाँ शुरू हो गईं। उनकी कमर में दर्द रहने लगा। उन्होंने बताया, "हम ऊटी गए थे, लेकिन वहाँ मुझे चलने में परेशानी होने लगी। पैरों में ठंड से स्टिफनेस आने लगी। मुझे लगा, फिजियोथेरेपी करानी होगी। उसी समय कारगिल का युद्ध शुरू हो गया और पति वहाँ चले गए।"

साल 1999 में, दीपा ने जब चेकअप कराया तो पता चला कि ट्यूमर वापस आ गया है। उन्हें पता था कि पति को छुट्टी नहीं मिल सकती। मई 1999 में उन्हें बताया गया कि ठीक उसी जगह पर बड़ा-सा ट्यूमर बन चुका है, जहाँ पहले परेशानी हुई थी। डॉक्टरों ने कहा कि इसकी सर्जरी मुश्किल होगी। दीपा को दिल्ली के आर्मी आर.आर. हॉस्पिटल जाने

के लिए कहा गया। वहाँ, डॉक्टरों ने बताया कि सर्जरी के बाद निचला हिस्सा बेकार हो जाएगा और वह चल नहीं पाएंगी।

इस समय दीपा को लगा कि उनकी हालत फिर से खराब हो रही है और वह अपने जूतों के फीते बाँधने के लिए भी नीचे नहीं झुक सकती थीं, वह अपने छोटे बच्चे को भी उठा नहीं सकती थीं। वह उसे जमीन से उठाकर खड़ा नहीं कर सकती थीं। वह रेलिंग पकड़े बिना सीढ़ियों पर चढ़ नहीं सकती थीं। उन्हें लगा कि शरीर में बहुत कमजोरी आ रही है।

आखिरकार जब वह जयपुर गईं और उनके पति कारगिल युद्ध में चले गए, तो उन्होंने अपना इलाज करवाना शुरू कर दिया। वह बताती हैं, "उस समय मुझे लगा कि मुझे स्प्लिंट की ज़रूरत है क्योंकि पहला लक्षण बाएं पैर का गिरना था। इसलिए किसी ने पैर में स्प्लिंट लगाने की सलाह दी, ताकि पैर नीचे न गिरे।"

अंततः उनके शरीर से कैंसरयुक्त ट्यूमर को हटाने के लिए तीन सर्जरी और 183 टांके लगाने पड़े। लेकिन सर्जरी के कारण उनकी कमर से नीचे का हिस्सा लकवाग्रस्त हो गया और उन्हें छह साल तक फिजियोथेरेपी से गुजरना पड़ा।

लेकिन यह सर्जरी हुई और पहले तो सब कुछ सामान्य रहा। वह अभी भी ट्यूब पर थीं, लेकिन एक दिन डॉक्टर ने अचानक उनके बिस्तर के नीचे पानी के रिसाव का एक निशान देखा, इसलिए उन्होंने दीपा के मूत्र बैग को देखना शुरू कर दिया क्योंकि उन्हें एक कैथेटर बैग लगाया गया था। दुर्भाग्यवश वहाँ कुछ भी नहीं था। जब उन्हें पलटा गया, तो पाया कि उनका पूरा मस्तिष्क-मेरुद्रव (cerebrospinal fluid) सर्जरी वाले हिस्से से बाहर निकल गया था। इसलिए, यह एक आपातकालीन

स्थिति बन गई क्योंकि मस्तिष्क के आसपास कोई तरल नहीं था और वह कोमा में थीं। तब डॉक्टरों ने उनकी तीसरी सर्जरी के लिए जल्दी से जल्दी तैयारी शुरू कर दी।

उन्होंने फिर से सर्जरी वाला हिस्सा खोला और उस हिस्से पर पैच लगाया जहाँ से मस्तिष्क मेरु द्रव लीक हो रहा था, उसमें अब कुछ भी नहीं बचा था। शरीर के उस हिस्से को खोलना बहुत मुश्किल था जहाँ अभी-अभी सर्जरी हुई थी, उसे फिर से काटा और वह अंदर से खराब हो गया। उन्होंने उस पर पैच लगाया और इंतजार किया क्योंकि उन्हें तुरंत द्रव वापस लाने के लिए स्टेरॉयड पर रखा गया था।

मस्तिष्क सूख गया था, वह अपनी बात नहीं कह पा रही थीं। और आँखों में भी सुन्नता थी, वह अपनी आँखें नहीं झपका पा रही थीं। यह बहुत बोझिल और खतरनाक स्थिति थी। दीपा को सामान्य होने में लगभग 30 दिन लगे। वह वेंटिलेटर पर थीं, और शारीरिक रूप से परेशान तो थी ही, मनोवैज्ञानिक रूप से यह और भी बुरा था।

वह आम तौर पर सक्रिय रहती थीं। आखिरकार, एक आर्मी ऑफिसर की पत्नी थीं, इसलिए वह कर्मठता से काम करती थीं क्योंकि उनमें मजबूत इच्छा-शक्ति थी। उन्होंने एक रेस्टोरेंट चलाना शुरू किया, लेकिन फिर भी दीपा को यह नहीं पता था कि यह यात्रा कैसे करनी है।

उनकी एक और चुनौती थी कि उन्हें मूत्राशय प्रबंधन के बारे में कोई जानकारी नहीं थी। इस पूरी परिस्थिति के दौरान उनकी मुलाकात श्री अरुण सोंधी नामक एक व्यक्ति से हुई, जो पैराप्लेजिक भी थे। उनकी सलाह के अनुसार नवंबर 2005 में छह सप्ताह के लिए नई दिल्ली में

इंडियन स्पाइनल इंजरी सेंटर में आयोजित एक कार्यशाला में भाग लेना तय किया।

उन्हें पहले ही सलाह दी गई थी कि वह अपने किसी नजदीकी पारिवारिक सदस्य के साथ नहीं आएंगी। "आप किसी ऐसे व्यक्ति के साथ आएंगी, जो आपका परिवार नहीं है।"

इसलिए, वह पहले जयपुर आईं, और वहाँ से उनके पिता ने अपनी कार और ड्राइवर को साथ कर दिया। दिल्ली में आर्मी गेस्ट हाउस में उनके लिए एक कमरा बुक कर दिया गया। पूरा परिवार बहुत चिंतित था कि वह यह सब अकेले कैसे करेंगी।

वहाँ उनके फिजियोथेरेपिस्ट वीरेंद्र विक्रम सिंह थे। उन्होंने ऐंठन से राहत दिलाने के लिए कुछ आसान तरीके सिखाए। उन्होंने दीपा के लिए कैलिपर्स बनवाए, जिन्हें पहनकर वह घुटनों को लॉक कर सकती थीं ताकि वह वॉकर के सहारे आसानी से खड़ी हो सकें। उन्होंने समझाया, "आप रसोई के सामने खड़े होकर यह कर सकती हैं। आप अपने वॉकर को अपने चारों ओर रख सकती हैं, कैलिपर पहन सकती हैं, खड़ी हो सकती हैं, और किसी से कह सकती हैं कि वह आपके घुटनों को लॉक करने में मदद करें। फिर एक हाथ से आप वॉकर का सहारा ले सकती हैं और दूसरे हाथ से शायद आप कुछ पका सकती हैं। जब तक आप टेबल पर कुछ पकाती हैं, तब तक आप 10 मिनट खड़ी हो चुकी होती हैं।"

दीपा ने एक रोचक और प्रेरक किस्सा भी बताया जब उनके फिजियो उन्हें दिल्ली के एक डिस्कोथेक में ले गए।

"उन्होंने मुझे वॉकर में खड़ा किया। जब सब नाच रहे थे, मैं भी अपनी गर्दन को एक तरफ़ से दूसरी तरफ़ घुमा रही थी। जीवन में वापस आने की यह पूरी प्रक्रिया, यहीं मैंने उन छह हफ़्तों में सीखी।"

अरुण सोंधी पैरालंपिक पावर लिफ्टर थे और पावर लिफ्टिंग की विश्व चैंपियनशिप के पदक विजेता थे। उनसे दीपा ने सीखा कि पैरा स्पोर्ट्स नाम की कोई चीज़ होती है। अरुण सोंधी ने पूछा, "क्या दीपा को पानी से डर लगता है?" जब उन्होंने कहा, "नहीं, मुझे पानी से डर नहीं लगता," तो उन्हें हाइड्रोथेरेपी के लिए ले जाया गया और पानी में सभी व्यायाम करने को कहा गया। जब वह दिसंबर माह में अहमदनगर वापस आईं, तो वह अपनी दोनों लड़कियों को लेकर स्विमिंग पूल में गईं।

अचानक उनकी सारी दुनिया ही बदल गई!

फिर दीपा ने फिर से मोटरसाइकिल चलाना भी सीखा। उन्होंने अरुण सोंधी की मोटरसाइकिल का वीडियो देखा, जो उन्होंने स्वीडन से बनवाई थी, उनकी व्हीलचेयर भी देखी जो विशेष डिज़ाइन की थी। और जो कुछ भी उन्होंने अरुण से सीखा, उसे अपने जीवन में लागू करना शुरू कर दिया।

अचानक से वह पार्टियों में नाचने लगीं, उसी हिसाब से कपड़े पहनने लगीं। अगर कैलिपर्स पहनने का मन होता, तो वह लंबी स्कर्ट पहनने लगीं और वॉकर के साथ डांस पार्टियों में खड़ी हो जातीं। दीपा ने एक गैजेट खरीदी और वह गाड़ी चलाने लगीं। उन्होंने खुद ही ट्रांसफ़र करना सीख लिया, और खुद ही कपड़े बदलने लगीं। उनके कपड़ों का स्टाइल उल्लासपूर्ण हो गया क्योंकि उन्होंने जीना सीख लिया था।

ठीक होने के बाद उनकी खेलों में असाधारण रुचि बढ़ने लगी। अपनी बाँहों और कंधों को मजबूत करने के लिए उन्होंने तैराकी शुरू की। लेकिन पैराप्लेजिक स्थिति के बावजूद उनकी सुपरसोनिक गति को देखने के बाद, दीपा को उसके प्रशिक्षकों ने राष्ट्रीय स्तर की तैराकी प्रतियोगिताओं में भाग लेने का सुझाव दिया। उन्होंने बहादुरी से इसे स्वीकार किया और दुनिया को साबित कर दिया कि विकलांगता केवल एक मन की स्थिति है।

दीपा मलिक ने अपनी बाँहों और कंधों को मजबूत करने के लिए तैराकी शुरू की। 2008 में वह यमुना नदी की धारा के विपरीत 1 किमी तक तैरीं। उनकी तेज गति को देखकर उनके प्रशिक्षकों ने उन्हें राष्ट्रीय स्तर की तैराकी प्रतियोगिताओं में भाग लेने का सुझाव दिया। बाइक चलाने की अपनी क्षमता में सुधार के लिए उन्होंने दिल्ली के स्पाइनल इंजरी सेंटर में शक्ति प्रशिक्षण भी लिया। साल 2009 में एथलेटिक्स का सिलसिला शुरू हुआ। उन्होंने 39 की उम्र में जेवलिन और शॉट पुट पकड़ना सीखा और मेडल जीता। यही वह मेडल था, जो उन्हें कॉमनवेल्थ गेम्स तक ले गया। यह उनके लिए एक सुनहरा मौका साबित हुआ। इसके बाद, उन्हें लंदन जाने का मौका मिला और वहाँ इंटरनेशनल एक्सपोजर मिला। वहीं, उन्हें पता चला कि उनकी वर्ल्ड रैंकिंग दो है।

2009 में, मलिक पैरा-स्विमिंग से पैरा-एथलीट बन गईं और बैंगलोर में IWAS वर्ल्ड गेम्स में भाग लिया, जहाँ उन्होंने शॉट पुट में कांस्य पदक जीता। उन्होंने शॉट पुट, तैराकी, भाला फेंक, डिस्कस थ्रो और मोटरसाइकिलिंग सहित विभिन्न खेल स्पर्धाओं में 18 अंतर्राष्ट्रीय और लगभग 54 राष्ट्रीय पदक जीते हैं।

उन्होंने 2018 में दुबई में आयोजित पैरा एथलेटिक ग्रैंड प्रिक्स में F-53/54 जेवलिन इवेंट में भी स्वर्ण पदक जीता। वह वर्तमान में F-53 श्रेणी में दुनिया की नंबर एक खिलाड़ी हैं। उन्होंने विभिन्न साहसिक खेलों में अपनी भागीदारी के लिए प्रशंसा प्राप्त की है।

दीपा ने अपनी गतिशीलता की चुनौती पर कैसे काबू पाया?

अस्वीकृतियों ने उनके संकल्प को और मजबूत बना दिया, और वह दुनिया के साथ बेहतर तरीके से जुड़ने के तरीकों पर काम करने लगीं। उन्हें एक अधिक सुलभ कार और एक मोटर चालित व्हीलचेयर मिली, जिसने उन्हें और अधिक स्वतंत्र बना दिया। 2008 में, बीसीए की पढ़ाई पूरी करने के तीन साल बाद, उन्हें ईएमसी (जो बाद में डेल द्वारा अधिग्रहित हुआ) में ग्राफिक डिजाइनर के रूप में नौकरी मिल गई।

दीपा की विकलांगता के लिए कठिन शारीरिक प्रबंधन की आवश्यकता है, और उन्होंने शारीरिक चुनौतियों के बावजूद अपनी विकलांगता के लिए बहाना बनाने के बजाय समाधान बनाने पर ध्यान केंद्रित किया। उन्होंने सिद्ध किया कि विकलांगता अक्षमता नहीं है और उन्होंने अपने, अपनी बेटी और समस्त विश्व की बेटियों के लिए उदाहरण पेश किया कि कैसे वह अपनी क्षमताओं पर ध्यान केंद्रित कर सकती हैं और अपने जुनून को जी सकती हैं।

यह पूछे जाने पर कि क्या उनकी सेना की पृष्ठभूमि ने उनकी कठिन जीवन यात्रा में मदद की या कभी-कभी इसे कठिन बना दिया, उनका सटीक और सार्थक उत्तर था, "मुझे खुशी है कि आपने मुझसे यह पूछा, क्योंकि इसमें जितनी सकारात्मकता है, उतनी ही नकारात्मकता भी है। सकारात्मकता यह है कि निश्चित रूप से यह एक शिक्षित और समझदार

पृष्ठभूमि थी, परिवार में ऐसे लोग थे जिनकी सोच प्रगतिशील थी, ये लोग प्रतिकूलताओं से लड़ने के आदी थे। लेकिन साथ ही, बाधा यह थी कि इसने मुझे बाहरी दुनिया से बहुत अधिक परिचित नहीं कराया। मुझे अपने अवसरों का पता लगाने के लिए सचमुच एक बंद छावनी की सुरक्षित दुनिया से बाहर आना पड़ा। ईमानदारी से, जब मैंने ऐसा करने का फैसला किया, तो मुझे एहसास हुआ कि पति जो सेना में काम कर रहे थे, उनका वेतन वास्तव में पर्याप्त नहीं था। इस यात्रा के लिए अलग तरह के खर्चों की आवश्यकता थी और सेना का वेतन इसके लिए पर्याप्त नहीं था।"

वह बताती हैं, "मुझे धन जुटाना पड़ा क्योंकि यह आसानी से प्रति माह एक लाख से कम का खर्च नहीं था। मेरे लिए एक अच्छे परिवार से आना और इस कारण से पैसे माँगना ज्यादा चुनौतीपूर्ण था। मेरे लिए मेरी शिक्षा, मेरी उम्र और मेरी व्यक्तिगत स्थिति सबसे बड़ी बाधा थी।"

दीपा मलिक के पति का नाम बिक्रम सिंह मलिक है। वे दोनों खेलों के प्रति अपने प्यार के कारण एक-दूसरे के करीब आए। बिक्रम सिंह मलिक भारतीय सेना के पूर्व कर्नल हैं। जब उनसे पूछा गया कि आपकी यात्रा में आपके पति का सहयोग कैसा रहा, तो उनका उत्तर था, "उनसे मुझे जो एकमात्र समर्थन मिला, वह यह था कि वे मेरे सपनों की यात्रा को आगे बढ़ाने के लिए मेरे लिए पर्याप्त समझदार थे। मैंने उनसे वित्तीय सहायता नहीं ली, एक भी रुपया नहीं लिया और मैंने उनसे समय की मांग भी नहीं की। मैंने जो किया, वह मेरी अपनी यात्रा थी, अपना खुद का बुनियादी ढांचा तैयार करना, नीतियों के लिए संघर्ष करना, अपने नकद पुरस्कार अर्जित करना और अपने खेल में फिर से निवेश करना था।"

वह कहती हैं, "मैंने हरियाणा सरकार के साथ तीन साल तक लड़ाई लड़ी और नौकरी पाई, इसलिए अब मैं हरियाणा सरकार में एक पूर्णकालिक सरकारी कर्मचारी हूँ । फिर मैंने अपने प्रेरक भाषणों का एक वर्टिकल शुरू किया। मैंने सीखा कि कॉरपोरेट्स के साथ ऐसा कैसे व्यवहार किया जाता है। मुझे इसके माध्यम से अपना पारिश्रमिक मिलता है। इसलिए यह एक बहुत ही व्यक्तिगत यात्रा है और मुझे इस पर बहुत गर्व है।"

दीपा के नाम 58 राष्ट्रीय स्वर्ण पदक और 23 अंतर्राष्ट्रीय पदक हैं। वह हिमालयन मोटरस्पोर्ट्स एसोसिएशन (H.M.A.) और फेडरेशन ऑफ मोटर स्पोर्ट्स क्लब ऑफ इंडिया (F.M.S.C.I.) से जुड़ी हुई हैं। उन्होंने शून्य से नीचे के तापमान में 8 दिन, 1,700 किलोमीटर की यात्रा की, जिसमें 18,000 फीट (5,500 मीटर) की चढ़ाई भी शामिल थी - यह यात्रा रेड डी हिमालय थी। यह यात्रा सुदूर हिमालय, लेह, शिमला और जम्मू सहित कई कठिन रास्तों से गुजरती है।

दीपा ने साल 2009 में शॉट पुट (गोला फेंक) में अपना पहला पदक (कांस्य) जीता। इसके अगले ही साल, 2010 में उन्होंने इंग्लैंड में शॉटपुट, डिस्कस थ्रो और जेवलिन थ्रो, तीनों ही खेलों में गोल्ड मेडल जीते।

उन्होंने साल 2011 में वर्ल्ड एथलेटिक्स चैंपियनशिप में रजत पदक और शारजाह में वर्ल्ड गेम्स में दो कांस्य पदक जीते। साल 2012 में, उन्होंने मलेशिया ओपन एथलेटिक्स चैम्पियनशिप में जेवलिन और डिस्कस थ्रो में दो स्वर्ण पदक और 2014 में चाइना ओपन एथलेटिक्स चैंपियनशिप, बीजिंग में शॉटपुट में स्वर्ण पदक जीता। उन्होंने रियो पैरालंपिक-2016 में शॉट पुट (गोला फेंक) में रजत पदक हासिल किया।

हार नहीं मानूँगी

दीपा मलिक ने बताया कि जब वह पाँच साल की थीं, तो उन्हें स्पाइन ट्यूमर का पता चला था और तीन साल के इलाज और फिजियोथेरेपी के बाद वह इससे उबर गईं। पिछले 14 वर्षों में कंधे के ब्लेड के बीच 183 टांके और तीन स्पाइनल ट्यूमर सर्जरी के बाद, दीपा ने सबसे आश्चर्यजनक तरीकों से अपनी विकलांगता पर काबू पा लिया है, और उन लोगों के लिए प्रेरणादायक सफलता का एक सच्चा उदाहरण स्थापित किया है, जिन्होंने कभी भी अपने लक्ष्यों को प्राप्त करने की क्षमता पर संदेह किया है।

जब दीपा ने रीढ़ की हड्डी में चोट लगने के बाद व्हीलचेयर पर नए सिरे से जीवन शुरू किया, तो उन्हें गंभीर फिजियोथेरेपी से गुजरना पड़ा था। जब उन्होंने अपने जैसे अन्य लोगों से बातचीत की, तो एहसास हुआ कि वे सभी दिशाहीन महसूस करते हैं। ज़्यादातर लोग सोचते हैं कि लकवा के कारण जीवन सीमित हो जाता है। महिलाओं के लिए, यह स्थिति और भी बुरी थी। उनका मानना है कि, "मेरे पास पूरा परिवार होने और शिक्षा होने के कारण मैं भाग्यशाली हूँ, मैंने उन लोगों को आशा देने का फैसला किया जो लकवाग्रस्त थे।"

उन्होंने कई तरह की आउटडोर गतिविधियाँ शुरू कीं। वे खुद के इस मिशन पर चलने को एक नाम देती हैं - "विकलांगता से परे क्षमता"

उनका उद्देश्य व्हीलचेयर उपयोगकर्ताओं की रूढ़िवादी छवि को बदलना है, जो आम तौर पर लोगों के मन में होती है, और समाज को उनकी तरह की विकलांगता के प्रति संवेदनशील बनाना है। मीडिया अधिकतम लोगों तक पहुँचने का सबसे अच्छा तरीका है। उनकी गतिविधियों का

कवरेज प्रेरक कार्यशालाओं में पैराप्लेजिक लोगों को यह समझाने में मदद करता है कि व्हीलचेयर पर भी सामान्य जीवन संभव है।

अकल्पनीय दृढ़ इच्छाशक्ति और अनथक प्रयासों से मिली अपनी अविश्वसनीय सफलता पर अहंकार के बजाय, उन्होंने महिलाओं और विकलांग लोगों को उनकी बाधाओं से परे देखने और जीवन में आगे बढ़ने में मदद करने के लिए एक विवेक विकसित किया है।

उन्होंने हिमालयन मोटरस्पोर्ट्स एसोसिएशन में शामिल होकर शुरुआत की और शून्य से नीचे के तापमान में 18,000 फीट की ऊँचाई तक 8 दिन की 1,700 किलोमीटर की बाइक राइड पूरी की।

दीपा ने भारत की सबसे कठिन कार रैली "रेड डी हिमालय" में भी हिस्सा लिया

रेड डी हिमालय कार रैली 2009 में उनकी भागीदारी दो मुख्य कारणों से थी - पहला, ड्राइविंग हमेशा से उनका जुनून रहा है, और दूसरा, यह उनके मिशन, 'एबिलिटी बियॉन्ड डिसेबिलिटी' की गतिविधियों का हिस्सा था। एक बात जिसने उन्हें चौंकाया, वह यह थी कि यांत्रिक प्रौद्योगिकी में इतनी वृद्धि के बावजूद, हमारे देश में विकलांग लोगों के लिए ड्राइविंग की संभावनाएँ अभी भी बहुत सीमित हैं। विकलांग व्यक्तियों के ड्राइविंग के अनुकूल वाहनों को संशोधित करना बहुत कम जाना जाता है या स्वीकार किया जाता है। ड्राइविंग लाइसेंस प्राप्त करना और अपनी पसंद के वाहन को कस्टमाइज करना एक बहुत लंबी प्रक्रिया है। इसके अलावा, उन्हें यह जानकर आश्चर्य हुआ कि अब तक मोटर स्पोर्ट्स की दुनिया शारीरिक रूप से विकलांग लोगों के लिए खुली नहीं थी।

उनका मानना है कि, “किसी को तो पहला कदम उठाना ही था और विकलांग लोगों को मुख्यधारा में शामिल करने के लिए प्रयास करना था। इसीलिए मैंने यह रैली करने का फैसला किया। यह कागजी कार्रवाई, कुछ नियमों और नीतियों में बदलाव की एक लंबी परीक्षा थी। मुझे खुशी है कि मोटर स्पोर्ट फेडरेशन के सभी लोगों ने मेरे समावेश के लिए कड़ी मेहनत की।”

इस विषय पर वह बताती हैं, “माइनस डिग्री तापमान और कठोर सड़कें मेरी रीढ़ की हड्डी की ऐंठन और तीन ऑपरेशनों के बाद मुख्य चुनौती थीं। ऑक्सीजन की कमी, ऊँचाई पर होने वाली बीमारी और लंबे समय तक गाड़ी चलाना और दूरी तय करना इसे और भी मुश्किल बना देता था। लेकिन सक्षम व्यक्तियों के साथ रैली करने में सक्षम होने की ‘एड्रेनालाईन रश’ ने सब कुछ ठीक कर दिया। मुझे ट्रू ग्रिट ट्रॉफी से सम्मानित किया गया, लेकिन असली खुशी रैली की दुनिया में विकलांग लोगों के लिए दरवाजे खोलने में सफल होने से मिली।”

उन्होंने न केवल एक एथलीट, एक व्यवसायी, और एक रैली कार चालक के रूप में सफलता हासिल की, बल्कि एक तैराक के रूप में भी उन्होंने अपनी पहचान बनाई। वह पूरे देश में आशा का संदेश फैलाने में विश्वास रखती हैं। उनका आशावाद लोगों को उठने और आगे बढ़ने के लिए प्रेरित करता रहता है। वह अपनी प्रामाणिकता को दर्शाती हैं क्योंकि वह समाज में उदाहरण के तौर पर आगे बढ़ रही हैं।

दीपा किसी भी बातचीत या परिस्थिति को सहानुभूति की ओर नहीं जाने देतीं, जो अक्सर उनकी विकलांगता को आकर्षित करती है। जिस उम्र में अधिकांश एथलीट रिटायरमेंट के बारे में सोच रहे होते हैं, दीपा अभी तो शुरुआत ही कर रही हैं।

जब उनसे पूछा गया कि आपको कौन सी भूमिका सबसे ज़्यादा पसंद है, तो उनका उत्तर था, "एक माँ बनना। मेरी दो बेटियाँ हैं, देविका और अंबिका। माँ बनना ही मेरी प्रेरणा है। मैं एक ऐसा जीवन जीना चाहती थी, जहाँ मेरे बच्चे मुझे एक विकलांग दुखी व्यक्ति के रूप में याद न करें, इसलिए उन्होंने वास्तव में मुझे एक अच्छी माँ बनने के लिए प्रेरित किया। मैं बस उनकी हर गतिविधि का हिस्सा बनना चाहती थी; मैं चाहती थी कि वे मेरा सम्मान करें। मैं चाहती हूँ कि वे मुझ पर विश्वास करें।"

राष्ट्रीय और राज्य स्तर पर पुरस्कार:

- 2006: महाराष्ट्र सरकार द्वारा 'स्वावलंबन' पुरस्कार
- 2008: हरियाणा करमभूमि अवार्ड
- 2009-2010: 'महाराष्ट्र छत्रपति' अवार्ड (खेल)
- 2012: बियालीस साल की उम्र में 'अर्जुन अवॉर्ड'
- 2012: एक्सीलेंस अवार्ड फॉर स्पोर्ट्स
- 2012: महाराणा मेवाड़ अरावली स्पोर्ट्स अवार्ड
- 2012: मिसाल ए हिम्मत अवार्ड
- 2013: एमेजिंग इंडिया अवार्ड
- 2013: करमवीर चक्र अवार्ड
- 2014: 'प्रेसिडेंट रोल मॉडल अवॉर्ड'
- 2014: लिम्का पीपल ऑफ द ईयर अवार्ड
- 2014: कांगो करमवीर पुरस्कार

- 2016: वीमेन ट्रांसफॉर्मिंग इंडिया अवार्ड (नीति आयोग)
- 2017: पद्म श्री
- 2017: प्रथम महिला पुरस्कार (महिला और बाल विकास मंत्रालय)
- 2019: राजीव गांधी खेल रत्न
- 2020: पी. एम. सम्मान

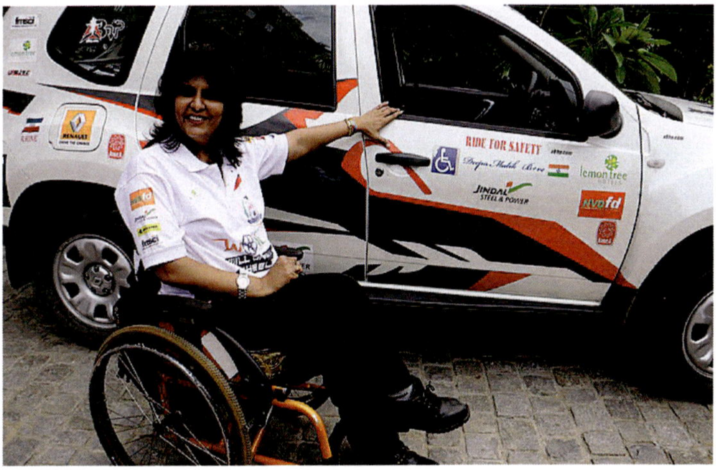

ROYAL
CHALLENGE

6.

पद्म श्री मेजर हरिपाल सिंह अहलूवालिया

एक समय था जब एवरेस्ट पर भीड़भाड़ नहीं थी और प्रदूषण भी नहीं था, जब केवल तीन अभियान ही इसके शिखर पर चढ़ने में सफल हुए थे, और जब शिखर पर चढ़ने के प्रयास मानवीय साहस की सीमा पर एक उपक्रम थे।

1965 में, पहले भारतीय पर्वतारोही एवरेस्ट की चोटी पर पहुँचे थे, जिनमें से नौ सदस्य अभियान के थे, और यह किसी भी अभियान के लिए

रिकॉर्ड था। यह एक टीम प्रयास था। अभियान के 15 मुख्य सदस्य थे और इतने ही शेरपा पर्वतारोही थे।

"अभियान की घोषणा के समय से ही एवरेस्ट की आभा हमारे चारों ओर थी। जब हमने इसे देखा तो हम विनम्र महसूस कर रहे थे क्योंकि आपको कोई अंदाजा नहीं था कि आप इसके शीर्ष पर पहुँच सकते हैं।" मेजर अहलूवालिया कहते हैं।

मेजर अहलूवालिया, भारतीय सेना के एक सेवानिवृत्त मेजर और नई दिल्ली में इंडियन स्पाइनल इंजरीज़ सेंटर के संस्थापक-अध्यक्ष, भारत के 1965 एवरेस्ट अभियान दल के सदस्य थे। इस दल में 21 पर्वतारोही, 800 कुली और 50 उच्च ऊँचाई वाले शेरपा थे - यह देश का तीसरा प्रयास था, जो पिछले पाँच वर्षों में हुआ था। इस टीम के कुछ सदस्य 1960 और 1962 में पिछले भारतीय प्रयासों का हिस्सा रहे थे। नवांग गोम्बू, 1965 की टीम के एक शेरपा, 1963 में पहले सफल अमेरिकी अभियान के साथ शिखर पर पहुँच चुके थे। "हमारे लिए यह करो या मरो जैसा था।" उस समय के बारे में मेजर अहलूवालिया कहते हैं, "यह हमारा आदर्श वाक्य था, यह भावना टीम के रकसैक पर अंकित थी।"

29 मई 1965 को मेजर अहलूवालिया, फु दोरजी और हरीश रावत के साथ एवरेस्ट की चोटी पर खड़े थे। चौथे सदस्य, मेजर हर्ष वर्धन बहुगुणा को ऊँचाई की बीमारी के कारण साउथ कोल से वापस लौटना पड़ा (1971 में दूसरी बार एवरेस्ट पर चढ़ने के दौरान उनकी जान चली गई)। दोरजी, जो 1953 (ब्रिटिश), 1956 (स्विस), 1960 और 1962 (भारतीय) और 1963 (अमेरिकी) में एवरेस्ट टीमों का हिस्सा रहे थे, के लिए शिखर पर पहुँचने में काफी समय लगा था।

अहलूवालिया ने बताया था, "उस दिन मौसम ख़राब होना चाहिए था, लेकिन तेज़ धूप थी।" "मैं वहाँ खड़ा होकर तिब्बती पठार और मध्य एशिया को देख रहा था और चंगेज खान के यहाँ लड़े गए युद्धों के बारे में सोच रहा था, और मैंने सोचा, किसी दिन मैं वहाँ जाऊँगा (वह 1994 में गए भी थे, हालांकि वह युद्ध के समय था)।"

शिखर आरोहण में शामिल होने वाले प्रत्येक दल की तरह, मेजर अहलूवालिया, दोरजी और रावत को भी नीचे आने में परेशानी हुई। उनके ऑक्सीजन सिलेंडर ने काम करना बंद कर दिया। जब तक वे साउथ कोल पहुँचे, तब तक अँधेरा हो चुका था और उन्हें शिविर नहीं मिला। इसलिए उन्होंने सोने के लिए एक गड्ढा खोदने का फैसला किया, परंतु इससे पहले ही एक शेरपा ने उन्हें ढूंढ लिया और नीचे ले आए। अहलूवालिया कहते हैं, "मैं पूरी रात मतिभ्रम में रहा। मैं बार-बार तंबू से बाहर आता और खाली ऑक्सीजन सिलेंडरों पर सांस लेने की कोशिश करता। मैंने भी पूरी रात फू दोरजी को कोसा कि वह मेरी ऑक्सीजन चुरा रहा था।"

यह महान पर्वतारोही, मेजर एच.पी.एस. अहलूवालिया, देश के 60 की उम्र पार कर चुकी पीढ़ी के लिए किसी नायक से कम नहीं थे। मेजर एच.पी.एस. अहलूवालिया उस पर्वतारोही दल के सदस्य थे जिसने 20 मई 1965 को माउंट एवरेस्ट की चोटी को फतह किया था। वह भारतीय सेना का पर्वतारोही दल था। यानी मेजर एच.पी.एस. अहलूवालिया एवरेस्ट की चोटी पर चढ़ने वाले पहले भारतीयों में से एक थे। इसका मतलब तेनजिंग नोर्गे और एडमंड हिलेरी के छह सालों बाद उनका यह भारतीय दल एवरेस्ट पर चढ़ा था।

मेजर अहलूवालिया ने 1965 में पाकिस्तान के खिलाफ जंग में भी सक्रिय रूप से भाग लिया था। उन्होंने रणभूमि में दुश्मन सेना के दाँत खट्टे कर दिए थे।

उनका 85 साल की आयु में निधन हुआ था। एक पेशेवर पर्वतारोही के रूप में, वह माउंट एवरेस्ट को फ़तह करने वाले शुरुआती भारतीयों में से एक थे। उन्होंने अपनी आत्मकथा 'हायर दैन एवरेस्ट' सहित 13 से अधिक पुस्तकें लिखी हैं। मेजर अहलूवालिया भारतीय पर्वतारोहण फाउंडेशन और दिल्ली पर्वतारोहण एसोसिएशन के अध्यक्ष भी रहे थे।

अपने दल के साथ दिवंगत मेजर एच.प.एस. अहलूवालिया; उन्हें देश के सबसे प्रतिष्ठित पुरस्कारों- पद्म भूषण, पद्म श्री और अर्जुन पुरस्कार से सम्मानित किया गया था। उन्हें तेनजिंग नोर्गे राष्ट्रीय पुरस्कार भी मिला था।

बचपन में पर्वतों का प्रेम

अपने बचपन को सबसे पहली याद हरिपाल को शिमला की आती है। उस समय वे मुश्किल से चार या पाँच साल के थे। परिवार एक छोटे-से काटेज में रहता था, जो शहर के बाजार से करीब तीन-चार मील दूर था। बालक हरिपाल अपनी माँ के साथ खरीद-फ़रोख्त करने बाजार जाता और अपने छोटे-से थैले में सउनके परिवार में पत्नी भोली अहलूवालिया और बेटी सुगंध अहलूवालिया हैं।ब्जियाँ और फल लेकर घर आता था। उसे बाजार की सीधी चढ़ाई चढ़ने और वहाँ से घर लौटते हुए तेज ढाल पर दौड़कर उतरने में बड़ा मजा आता था।

उन्होंने अपनी एक पुस्तक में लिखा है, "मैं इतवार और दूसरी छुट्टियों की बड़ी उत्सुकता से प्रतीक्षा करता क्योंकि तब हम सब भाई-बहन मिलकर शिमला के दूसरे भागों में अपने संबंधियों से मिलने जाते। अक्सर हम

अपने नाना के घर भी जाते थे, जो एक दोमंजिले मकान की दूसरी मंजिल पर रहते थे। मेरे नाना भारतीय सेना में डाक्टर थे। वे बहुत धार्मिक व्यक्ति थे और अपने पेशे पर उन्हें बड़ा गर्व था। वे सबेरे चार बजे उठ जाते, पहले वे ठंडे पानी से नहाते, पूजापाठ करते और फिर टहलने चले जाते। साढ़े सात बजे तक वे घोड़े पर बैठकर अपने मरीजों को देखने चले जाते। उनका सुनहरे रंग का घोड़ा बड़ा कद्दावर और शानदार था। उनके पास एक सुनहरा स्पैनियल कुत्ता भी था, जो हमेशा उनके साथ रहता था। मैं भी कभी-कभी उनके घोड़े पर सवारी गाँठता- लेकिन उस वक़्त सईस हमारे साथ रहता था।"

आगे वह अपने बचपन के बारे में बताते हैं, "मेरे परनाना, जो पहले सेना में थे और अब रिटायर हो चुके थे, स्यालकोट जिले में हमारे पुरखों के गाँव महलोवाल में रहते थे। मेरे नाना और परनाना दोनों ही पहले और दूसरे विश्व-युद्धों में लड़ चुके थे। उन्हें कई इनाम और तमगे भी प्राप्त हुए थे।"

"अपने पिता की तरह मेरी माँ भी बहुत धर्म-परायण और अनुशासन के मामलों में बहुत सख्त थीं। हमारे बचपन में उनकी हमेशा यही कोशिश रहती थी कि हम सब सत्यवादी बनें। मामूली-से झूठ से भी वह बहुत परेशान और दुखी हो जाती थीं। मैंने उन्हें पूजा के वक़्त अक्सर यह प्रार्थना करते सुना है, हे ईश्वर, तुम्हीं ने मुझे ये बच्चे दिए हैं और तुम्हीं उन्हें सत्यवादी और अच्छा बनाओ। वे ज़िंदगी में अच्छे काम करें और मैं गर्व से फूली न समाऊँ।"

कुछ समय बाद हरिपाल के पिताजी की बदली लाहौर हो गई और उनके दादा भी नौकरी से रिटायर हो गए और वे भी साथ रहने के लिए लाहौर चले आए। अपने दूसरे भाई-बहनों के साथ एक प्राइमरी स्कूल में भर्ती

कराया गया। लेकिन उन्हें लाहौर पसंद नहीं आया और वह पहाड़ वापस जाने की ही कामना करते रहे, क्योंकि वहाँ वह खूब उछल-कूद कर सकते थे।

1949 का साल आया और लाहौर में सांप्रदायिक तनाव फैलने लगा। कई बार उपद्रवों के कारण स्कूल आधे या पूरे दिन बंद रहते। स्कूल जाना दिनोंदिन मुश्किल होता गया। इसी बीच उनके पिताजी की भी बदली देहरादून हो गई और वे हरिपाल को पढ़ाई का यह साल पूरा करने लाहौर में छोड़कर देहरादून चले गए। तनाव बढ़ता रहा। सीमा आयोग ने तय किया कि विभाजन के बाद पाकिस्तान नामक जो नया देश बनेगा, लाहौर को उसमें मिला दिया जाएगा।

बड़ी कठिनाइयों के बाद उनका परिवार लाहौर छोड़कर देहरादून पहुँचने में सफल हुआ। वहीं कुछ समय बाद उनके परनाना और दूसरे बुजुर्ग भी आ गए। उनके परनाना को विभाजन से इतना ज़बरदस्त धक्का लगा कि वे सौ साल जीने की अपनी इच्छा पूरी न कर सके और 96 वर्ष की आयु में ही चल बसे। देहरादून की सेंट जोसेफ अकादमी में हरिपाल को चौथे दर्जे में दाखिल कराया गया।

इस तरह हरिपाल के मन में ऊँची से ऊँची चढ़ाइयों पर जाने की तीव्र लालसा पनपने लगी। बहुत बचपन में शिमला में रहते हुए उनके मन में पहाड़ों के प्रति जो एक अनोखा प्यार पैदा हुआ था, वह भी तेजी से बढ़ने लगा। उस वक़्त वह क्या जानते थे कि ऐसी चढ़ाइयों पर वह जायेंगे जहाँ बर्फ कभी नहीं पिघलती। उसके मन में यह इच्छा जन्म लेने लगी कि वह इस रहस्य का पता लगाए कि इन पहाड़ों के भीतर क्या है? वह साइकिल से या पैदल ही ऐसी जगहों को जाने लगे, जिनके दृश्य उन्हें दूर से सुंदर लगते थे। इसके साथ ही उनकी रुचि फोटोग्राफी में भी उत्पन्न

हुई और वह एक छोटे-से कैमरे से इन जगहों के फोटो खींचने लगे। यह कैमरा उनके पिताजी ने उपहार में दिया था।

लंबा जीवन, बड़ी सफलताएँ

मसूरी में कॉलेज की पढ़ाई पूरी करने के बाद, हरिपाल का देहरादून की इंडियन मिलिटरी एकेडमी में दाखिला हो गया। यहाँ उन्होंने दो साल की ट्रेनिंग पूरी की। यह जीवन बहुत व्यस्त और कठोर था, लेकिन चूंकि उन्हें देहरादून पसंद था, इसलिए इन कठिनाइयों का कोई ख्याल ही नहीं आया। वह जानते थे कि सैनिक शिक्षा से उनका शरीर बहुत हृष्ट-पुष्ट हो जाएगा, जिससे आगे चलकर ऊँचे पहाड़ों की चढ़ाई करने में बड़ी मदद मिलेगी।

1958 के दिसंबर महीने में, मेजर हरिपाल सिंह इलेक्ट्रिकल एंड मैकेनिकल इंजीनियरिंग कोर में भर्ती हो गए और मोटरगाड़ियों के इंजनों का बारह महीने का कोर्स पूरा करने के लिए सिकंदराबाद चले गए। सिकंदराबाद हालांकि एक बहुत खूबसूरत जगह है, पर पहाड़ न होने के कारण उन्हें यहाँ रहने में मजा नहीं आया।

एक बार हिमालयन माउंटेनियरिंग इंस्टीट्यूट के प्रिंसिपल, ब्रिगेडियर ज्ञान सिंह सिकंदराबाद आए और उन्होंने पर्वतारोहण पर एक भाषण दिया। यह 1960 के जनवरी का महीना था और इसके एक महीने बाद उन्हें एवरेस्ट पर्वत पर चढ़ाई करने वाले भारतीय दल का नेतृत्व करना था। उनका भाषण सुनने के लिए बहुत से लोग एकत्रित हुए। उन्होंने अपने भाषण के साथ स्लाइड्स और 'काल ऑफ द माउंटेन्स' नामक फिल्म भी दिखाई। भाषण के तुरंत बाद, मेजर हरिपाल सिंह ब्रिगेडियर ज्ञान सिंह से मिले और उनसे पूछा कि वह दार्जिलिंग के पर्वतारोहण संस्थान में किस तरह भर्ती हो सकते हैं।

ब्रिगेडियर ज्ञान सिंह ने उन्हें बड़े प्यार से मिलने के बाद इस काम के लिए बहुत उत्साहित किया और पर्वतारोहण संस्थान में भर्ती होने के लिए एक दाखिले का फार्म भी दिया, जिसे भरकर उन्होंने तुरंत दार्जिलिंग भेज दिया। यह दाखिला पर्वतारोहण के आरंभिक कोर्स के लिए था।

पाकिस्तान से युद्ध के दौरान उनके शरीर का एक हिस्सा पक्षाघात से ग्रस्त हो गया था, लेकिन इससे वे विचलित नहीं हुए। वे आजीवन दिव्यांगजनों के पक्ष में काम करते रहे और उन्होंने राजधानी में इंडियन स्पाइनल इंजरी सेंटर की स्थापना की। यह देश का अपनी तरह का सबसे शानदार अस्पताल है, जहाँ रीढ़ की बीमारियों से संबंधित रोगों का इलाज होता है। अब आप खुद देख सकते हैं कि कोई इंसान एक जीवन में कितने सार्थक काम कर सकता है। मेजर अहलूवालिया का जीवन इस प्रकार बेहद प्रेरक रहा।

हिमालय पर्वतारोहण संस्थान, दार्जिलिंग में अपने उन्नत प्रशिक्षण के बाद, उन्होंने सिक्किम और नेपाल में बड़े पैमाने पर चढ़ाई की और बाद में 29 मई 1965 को माउंट एवरेस्ट की चोटी पर चढ़ाई की। 1965 का भारतीय सेना अभियान एवरेस्ट पर पहला सफल भारतीय अभियान था, जिसने 9 पर्वतारोहियों को शिखर पर पहुँचाया, कप्तान एम. एस. कोहली के नेतृत्व में, जो 17 वर्षों तक कायम रहने का रिकॉर्ड था। उन्होंने अवतार सिंह चीमा, नवांग गोम्बू शेरपा, सोनम ग्यात्सो, सोनम वांग्याल, सी.पी. वोहरा, आंग कामी शेरपा, हरीश चंद्र सिंह रावत, और फु दोरजी शेरपा के साथ 1965 में चोटी पर चढ़ाई की और माउंट एवरेस्ट पर सफलतापूर्वक चढ़ने वाले पहले भारतीय बने।

तेनजिंग नोर्गे और एडमंड हिलेरी के ऐतिहासिक आरोहण के छह साल बाद भारतीय टीम ने माउंट एवरेस्ट पर सफलतापूर्वक चढ़ाई की, इसलिए

इसका मतलब यह है कि मेजर अहलूवालिया ऐसे पहले भारतीयों में से थे। वह माउंट एवरेस्ट पर चढ़ने वाले छह भारतीय पुरुषों और दुनिया के इक्कीसवें व्यक्ति में से एक हैं। 29 मई को, माउंट एवरेस्ट की पहली चढ़ाई के 12 साल बाद, एच. सी. एस. रावत, फु दोरजी शेरपा और अहलूवालिया के साथ चौथे और आखिरी शिखर पर चढ़े। यह पहली बार था जब तीन पर्वतारोही एक साथ शिखर पर खड़े थे।

1965 में, मेजर अहलूवालिया ने पाकिस्तान के खिलाफ युद्ध भी लड़ा और दुश्मन सेना को युद्ध के मैदान में एक अविस्मरणीय सबक सिखाया। पाकिस्तान के खिलाफ युद्ध के दौरान उनके शरीर का एक हिस्सा निष्क्रिय हो गया था। हालांकि, इसने उन्हें अपने दृष्टिकोण को बदलने से नहीं रोका। अपने पूरे जीवन में उन्होंने विकलांग लोगों के पक्ष में काम किया।

आरंभिक जीवन

मेजर अहलूवालिया का जीवन अलौकिक और विस्मयकारी था। वह एक वीर सैनिक, विश्व प्रसिद्ध पर्वतारोही और कुशल लेखक थे और उन्होंने एक प्रतिष्ठित अस्पताल की स्थापना की थी। मेजर एच.पी. एस. अहलूवालिया का जन्म 6 नवंबर 1936 को हुआ था और उनका पालन-पोषण उनकी दो बहनों और दो छोटे भाइयों के साथ शिमला में हुआ था। उनके पिता "भारतीय केंद्रीय लोक निर्माण विभाग" में सिविल इंजीनियर के रूप में कार्यरत थे।

स्नातक स्तर की पढ़ाई के बाद, अहलूवालिया भारतीय सेना में एक अधिकारी के रूप में शामिल हो गए। समय के साथ-साथ ज्यादातर लोग बदल गए और उनके शौक और रुचियाँ भी बदल गईं। लेकिन

अहलूवालिया का पर्वतारोहण के प्रति प्रेम कभी भी उनके पेशेवर जीवन के अनुरूप नहीं रहा।

अपने शैक्षिक करियर के लिए वह सेंट जोसेफ अकादमी, देहरादून और सेंट जॉर्ज कॉलेज, मसूरी गए। वहाँ उन्हें फोटोग्राफी और रॉक क्लाइंबिंग में अपनी रुचि का पता चला। ग्रेजुएशन के साथ-साथ उनकी रुचि रॉक क्लाइंबिंग में बढ़ गई। कुछ स्थान जहाँ अहलूवालिया ने रॉक क्लाइंबिंग की, वे हैं गढ़वाल, सिक्किम, नेपाल, लद्दाख और निश्चित रूप से माउंट एवरेस्ट।

अपनी स्नातक स्तर की पढ़ाई के बाद, अहलूवालिया भारतीय सेना में एक अधिकारी के रूप में शामिल हो गए, और 14 दिसंबर 1958 को सेना की इलेक्ट्रिकल-मैकेनिकल इंजीनियरिंग शाखा में सेकंड लेफ्टिनेंट के रूप में कमीशन प्राप्त किया। उन्हें 14 दिसंबर 1960 को लेफ्टिनेंट और 14 दिसंबर 1964 को कप्तान के रूप में पदोन्नत किया गया।

एवरेस्ट शिखर से ...

मेजर अहलूवालिया का प्रेरक संदेश है, "जैसा कि मैं जीवन को देखता हूँ, यह कुछ और नहीं बल्कि मन की शक्ति है जो सबसे अधिक मायने रखती है। माउंट एवरेस्ट पर चढ़ने और आईएसआईसी की स्थापना ने मुझे एक शक्तिशाली सच्चाई सिखाई है - जीवन दूसरे शिखर को जीतने के बारे में है - मन का शिखर"

मेजर एच.पी.एस. अहलूवालिया (1936-2022) इंडियन स्पाइनल इंजरीज़ सेंटर (आईएसआईसी) के संस्थापक थे, लेकिन यह उनकी प्रसिद्धि का एकमात्र दावा नहीं है। उन्हें एक भारतीय पर्वतारोही, लेखक,

सामाजिक कार्यकर्ता और भारतीय आयुध फैक्ट्री सेवा (आईओएफएस) में अधिकारी के रूप में भी जाना जाता है। वह 1965 में माउंट एवरेस्ट पर पहले सफल भारतीय अभियान के सदस्य थे।

अहलूवालिया का मानना था कि पहाड़ पर चढ़ने के लिए लोगों में तीन गुण होने चाहिए- धैर्य, दृढ़ता और इच्छाशक्ति। उनका यह भी मानना था कि दुनिया की सबसे ऊँची चोटी पर चढ़ने के साथ-साथ अपने मन की चोटी तक पहुँचना भी उतना ही महत्वपूर्ण है।

मेजर एच.पी.एस. अहलूवालिया एक भारतीय पर्वतारोही, लेखक, सामाजिक कार्यकर्ता और सेवानिवृत्त सेना अधिकारी थे जिन्होंने साहसिक कार्य, खेल, पर्यावरण और विकलांगता के क्षेत्र में बहुत योगदान दिया। पहाड़ों के प्रति उनके प्रेम ने उन्हें 1965 में माउंट एवरेस्ट पर चढ़ने वाले पहला भारतीय और दुनिया का इक्कीसवाँ व्यक्ति बना दिया। 1965 के भारत-पाक युद्ध के दौरान उनकी रीढ़ में गोली लगने के कारण उन्हें व्हीलचेयर पर बैठना पड़ा, जिससे उन्हें 1968 में भारतीय सेना से मेजर के पद से जल्दी अवकाश मिल गया था।

हार नहीं मानूँगा

देखते ही देखते, पाकिस्तान के साथ 1965 के युद्ध के दौरान उनकी रीढ़ की हड्डी में गोली लगने से वे घायल हो गए, जिसके कारण उन्हें व्हीलचेयर तक सीमित रहना पड़ा। उन्हें 8 जनवरी 1968 को मेजर की मानद रैंक के साथ सेना से शीघ्र छुट्टी मिल गई।

भले ही युद्ध के दौरान एक बंदूक की गोली उनकी रीढ़ की हड्डी में लग गई थी, जिसकी वजह से वह व्हीलचेयर पर आ गए थे, परंतु इसके बाद भी उन्होंने जीवन में कभी हार नहीं मानी। वह कहते थे कि एवरेस्ट चढ़ने

से भी ज्यादा मुश्किल अपने मन के भीतर बने पहाड़ पर फ़तह हासिल करना। वह कहते थे कि मन में ताकत हो तो सब कुछ हासिल किया जा सकता है।

इंग्लैंड के स्टोक मैंडविले अस्पताल में अपनी रीढ़ की हड्डी में बंदूक के घाव का इलाज कराते हुए, उन्होंने माउंट ट्रिसुल के लिए पहला स्की अभियान, पहला ट्रांस-हिमालय मोटर अभियान (1983) जैसे अग्रणी कार्यक्रमों का आयोजन करके साहसिक कार्य के प्रति अपने प्यार को जारी रखा। इसके बाद, मध्य एशिया सांस्कृतिक अभियान (1994) के तहत, उन्होंने उज्बेकिस्तान, किर्गिस्तान और कजाकिस्तान के माध्यम से सिल्क और मार्को पोलो के मार्ग का अनुसरण किया, एशियाई शहर काशगर, यारखंड में चीन में प्रवेश किया और तिब्बत और काठमांडू के माध्यम से वापस लौटे।

इंडियन स्पाइनल इंजरीज़ सेंटर की स्थापना

जिस समय उनकी रीढ़ में गोली लगी थी, उस दौरान देश में रीढ़ की बीमारियों के इलाज के लिए उचित सुविधाएँ उपलब्ध नहीं थीं। इसलिए उन्हें इलाज के लिए विदेश भेजा गया था। रीढ़ की हड्डी की चोट वाले व्यक्तियों की ज़रूरतों को महसूस करते हुए, अहलूवालिया ने अपने दोस्तों के सहयोग से, 1993 में वसंत कुंज, नई दिल्ली, भारत में इंडियन स्पाइनल इंजरीज़ सेंटर (आईएसआईसी) की स्थापना की, जहाँ आज रीढ़ की हड्डी से जुड़ी बीमारियों का इलाज विश्वस्तरीय रूप से किया जाता है। यह भारत में अपनी तरह का सर्वोत्तम अस्पताल है।

आज इसके पास अंतरराष्ट्रीय स्तर पर मान्यता प्राप्त और भारत तथा विदेश के अग्रणी संस्थानों में प्रशिक्षित विशेषज्ञों की एक उच्च योग्य

टीम है। यह सुविधा इटली सरकार के सहयोग से, सैन राफेल अस्पताल, मिलान के माध्यम से स्थापित की गई और भारत सरकार द्वारा समर्थित है। केंद्र को रोगी देखभाल और सुरक्षा में उच्च मानकों को बनाए रखने के लिए राष्ट्रीय प्रत्यायन बोर्ड से 2019 में एनएबीएच मान्यता प्राप्त हुई। इस प्रकार आईएसआईसी भारत में सबसे उन्नत स्पाइन, ऑर्थोपेडिक और न्यूरोमस्कुलर सर्जिकल सेंटर है, जो अत्याधुनिक डायग्नोस्टिक्स और सर्जिकल उपकरणों से सुसज्जित है।

देश व समाज को अद्वितीय योगदान

अहलूवालिया भारतीय पर्वतारोहण फाउंडेशन और दिल्ली पर्वतारोहण संघ के अध्यक्ष रहे हैं। वह स्पेशल एबिलिटी ट्रस्ट (फेलोशिप और छात्रवृत्ति के साथ विकलांग युवा उपलब्धि हासिल करने वालों की सहायता के लिए बनाया गया), यूथ एक्सप्लोरिंग सोसाइटी (आयरलैंड, पश्चिम जर्मनी और इटली में अपने चैप्टर के साथ), भारतीय पुनर्वास परिषद (मंत्रालय के तहत एक वैधानिक निकाय) के अध्यक्ष भी थे। वे सामाजिक न्याय और अधिकारिता विभाग, 12-वर्षीय योजना की विकलांग व्यक्तियों की योजना समिति के अध्यक्ष और देश रिपोर्ट का मसौदा तैयार करने वाली समिति के अध्यक्ष भी रहे थे।

उनके अनुभव स्कूल की किताबों में छपे हैं। उन्होंने इंदिरा गांधी, एपीजे अब्दुल कलाम जैसे महान व्यक्तित्वों से मुलाकातें की हैं और कई महान उपलब्धियों को हासिल किया है।

स्वलिखित ग्रंथों की सूची

- एवरेस्ट से भी ऊँचा
- भीतर शिखर सम्मेलन

- शाश्वत हिमालय
- हिमालय से परे
- एवरेस्ट - जहाँ बर्फ कभी नहीं पिघलती
- हर्मिट किंगडम लद्दाख
- लद्दाख नुब्रा द फॉरबिडन वैली
- मार्को पोलो की यात्रा का पता लगाना

सैनिक पुरस्कार

- घाव पदक
- सामान्य सेवा पदक
- समर सेवा स्टार
- रक्षा पदक
- 9 साल की लंबी सेवा पदक

तत्कालीन सेनाध्यक्ष जनरल सुहाग के साथ

जिन पदों को सुशोभित किया

- **अध्यक्ष** - इंडियन स्पाइनल इंजरीज़ सेंटर
- **अध्यक्ष** - 12वीं पंचवर्षीय योजना की विकलांग व्यक्तियों की योजना समिति और देश की रिपोर्ट का मसौदा तैयार करने वाली समिति के अध्यक्ष
- **पूर्व अध्यक्ष** - भारतीय पर्वतारोहण फाउंडेशन

- **पूर्व अध्यक्ष** - दिल्ली पर्वतारोहण संघ
- **पूर्व अध्यक्ष** - स्पेशल एबिलिटी ट्रस्ट (*फैलोशिप और छात्रवृत्ति के साथ विकलांग युवा उपलब्धि हासिल करने वालों की सहायता के लिए बनाया गया*)
- **पूर्व अध्यक्ष** - यूथ एक्सप्लोरिंग सोसाइटी (आयरलैंड, पश्चिम जर्मनी और इटली में इसके अध्याय के साथ)
- **पूर्व अध्यक्ष** - भारतीय पुनर्वास परिषद (सामाजिक न्याय और अधिकारिता मंत्रालय के तहत एक वैधानिक निकाय)
- **सदस्य** - इंदिरा गांधी मेमोरियल ट्रस्ट
- **सदस्य** - योजना आयोग - समाज कल्याण और अन्य विशेष समूहों की संचालन समिति
- **सदस्य** - पीडब्ल्यूडी के लिए राष्ट्रीय नीति पर राष्ट्रीय परामर्श
- **सदस्य** - विकलांगता पर सीआईआई कोर ग्रुप
- **सदस्य** - वित्त मंत्रालय द्वारा गठित राष्ट्रीय वित्त एवं राजस्व समिति
- **सदस्य** - सीबीआर (समुदाय आधारित पुनर्वास), एआईस्पो-इटली के सहयोग से
- **सदस्य** - इंटरनेशनल स्पाइनल कॉर्ड सोसायटी

राष्ट्रीय पुरस्कार

- **1965** - भारत सरकार ने उन्हें अर्जुन पुरस्कार से सम्मानित किया
- **1966** - भारत सरकार द्वारा पद्मश्री से सम्मानित किया गया
- **1998** - विकलांग लोगों के कल्याण के लिए राष्ट्रीय पुरस्कार

- **2002** - भारत सरकार द्वारा पद्म भूषण से सम्मानित किया गया
- **2009** - आजीवन उपलब्धि के लिए तेनज़िंग नोर्गे राष्ट्रीय साहसिक पुरस्कार
- **खालसा का आदेश (निशान-ए-खालसा)** - खालसा के जन्म की शताब्दी

अंतर्राष्ट्रीय पुरस्कार

- **एफआरजीएस** - रॉयल ज्योग्राफिकल सोसायटी (यूनाइटेड किंगडम) के फेलो
- पर्यावरण और साहसिक कार्य पर लिखे गए अध्ययन और साहित्य में महत्वपूर्ण योगदान के लिए फ़ेलोशिप प्रदान की गई
- **कोंडोर-डे-ओरो** - साहसिक लेखन/साहसिक खेलों में भागीदारी में समग्र योगदान के लिए दिया जाने वाला एक उच्च अर्जेंटीना सम्मान
- अर्जेंटीना एवरेस्ट अभियान के सलाहकार/सलाहकार
- शांति पुरस्कार के लिए विश्व स्वास्थ्य पहल, 29 जुलाई 2013

समावेशी समाज के निर्माण के प्रयास

हमें अपने देश के विकलांग लोगों के हितों के प्रति अपनी असंवेदनशील मानसिकता को बदलने की ज़रूरत है। विकलांग व्यक्तियों के साथ भी समान व्यवहार किया जाना चाहिए क्योंकि उन्हें अनुचित लाभ की आवश्यकता नहीं है। भारत में मानसिक और शारीरिक रूप से विकलांग लोगों को हर दिन भेदभाव का सामना करना पड़ता है। क्या हमारे देश में विकलांगों के लिए घर या व्यावसायिक भवन बनाए जा रहे हैं? इस सवाल का जवाब निराशाजनक है।

कारण यह है कि सरकार से लेकर समाज तक दिव्यांगों के प्रति हमारा रवैया असहानुभूतिपूर्ण है। मेजर एच.पी.एस. अहलूवालिया जैसे अनगिनत जागरूक नागरिक हैं, जो सरकार और समाज की समय-समय पर आँखें खोलते रहते हैं और बताते हैं कि विकलांगों को उनके हाल पर नहीं छोड़ा जा सकता।

भारत में 16 प्रकार की विकलांगताएँ हैं। मेजर अहलूवालिया स्वयं व्हीलचेयर का सहारा लेते थे। उनका मानना था कि व्हीलचेयर पर चलने वाली आबादी को आम जनता की तरह अपने घरों से बाहर निकलने, कॉलेज या कार्यालय के लिए बस लेने और शॉपिंग कॉम्प्लेक्स या अन्य सार्वजनिक भवनों तक जाने की समान सुविधाएँ मिलनी चाहिए। लेकिन स्थिति ऐसी है कि अधिकांश स्थानों पर विकलांग लोग सहजता से चल-फिर नहीं सकते। हम उनके लिए ऊँची इमारतों और घरों में पर्याप्त सुविधाएँ प्रदान करने के लिए पर्याप्त योजना बनाने में विफल हो रहे हैं। यही हाल बुजुर्गों का भी है। भारत में बुजुर्गों और विकलांगों को घोर उपेक्षा का सामना करना पड़ता है।

भारत में रियल एस्टेट सेक्टर ने पिछले कुछ दशकों में लंबी छलांग लगाई है, लेकिन ऐसी रियल एस्टेट कंपनियाँ कम हैं जो दिव्यांगों और बुजुर्गों की सुविधा को ध्यान में रखते हुए अपने प्रोजेक्ट बना रही हों। आज भी ऐसी आवासीय और व्यावसायिक इमारतें कम ही मिलेंगी, जिनमें विकलांगों के लिए व्हीलचेयर लिफ्ट के अंदर समा सकें। लिफ्टों में इतनी कम जगह होती है कि उनके अंदर व्हीलचेयर ले जाना मुश्किल ही नहीं, बल्कि नामुमकिन होता है। बाथरूम और रसोई में अलमारियाँ इतनी ऊँची होती हैं कि विकलांग व्यक्ति के लिए उनका उपयोग करना बेहद मुश्किल होता है। इन सभी परेशानियों पर मेजर अहलूवालिया का

ध्यान गया और उन्होंने रियल एस्टेट के अग्रणी लोगों को प्रेरित किया कि अपने सभी नए प्रोजेक्ट्स में विकलांगों की समस्याओं पर ध्यान दें ताकि उन्हें वहाँ रहते हुए समस्याएँ न आयें और एक समावेशी समाज का निर्माण किया जा सके।

मेजर एच.पी.एस. अहलूवालिया की उपलब्धियों को देखते हुए यह भी महत्वपूर्ण है कि हम अन्य पर्वतारोहियों को बढ़ावा दें और प्रोत्साहित करें। जिन पर्वतारोहियों ने सराहनीय उपलब्धियाँ हासिल की हैं, उन्हें मान्यता और पुरस्कार का उचित हिस्सा मिलना चाहिए। राजधानी में सड़कों का नाम उन दो पर्वतारोहियों के नाम पर रखा गया है, जिन्होंने पहली बार 29 मई 1953 को माउंट एवरेस्ट पर चढ़ाई की थी। नई दिल्ली के चाणक्यपुरी इलाके में सर एडमंड हिलेरी के नाम पर एक सड़क है। वह 1985-1989 तक भारत में न्यूजीलैंड के उच्चायुक्त थे। एडमंड हिलेरी के कार्यालय के दरवाजे पर्वतारोहियों, खिलाड़ियों, लेखकों आदि के लिए हमेशा खुले रहते थे। वह एक बहुत लोकप्रिय राजनयिक थे। चाणक्यपुरी में तेनज़िंग नोर्गे रोड भी है।

परंतु आज भी राजधानी के किसी हिस्से में मेजर एच.पी.एस. अहलूवालिया के नाम पर एक सड़क या संस्थान को देखना एक सपना है।

यह अत्यंत महत्वपूर्ण है कि हम सब यह समझें कि पर्वतारोहण तभी गति पकड़ेगा जब सरकार, सार्वजनिक क्षेत्र और निजी क्षेत्र सामूहिक रूप से इन पर्वतारोहियों की यात्राओं का खर्च वहन करेंगे, क्योंकि पर्वतारोहण की लागत अत्यधिक है। याद रखना चाहिए कि भारत में 1960 से 1990 के दशक तक सेना के पर्वतारोहियों को माउंट एवरेस्ट या अन्य चोटियों पर फ़तह हासिल करने का सारा खर्च सेना ही उठाती थी।

सेना के पास पर्वतारोहियों के लिए पर्याप्त बजट है, लेकिन उन पर्वतारोहियों के बारे में सरकार को सोचने की सख्त ज़रूरत है जो सेना से नहीं हैं। इन अभियानों के दौरान जो लोग घायल हो जाते हैं, उनके पुनर्वास का ध्यान रखना पड़ता है। पर्वतारोहण एकमात्र साहसिक खेल है जिसमें पर्वतारोही को हर पल मौत का सामना करने का जोखिम उठाना पड़ता है। एक छोटी सी लापरवाही जीवन-घातक कीमत चुकाती है और बर्फ की घातक दरारों में जिंदा दफन होने का कारण बन सकती है।

भारत में स्वास्थ्य सेवा परिदृश्य में उनका योगदान

26 साल की उम्र में व्हीलचेयर तक सीमित रहने से विचलित हुए बिना, मेजर अहलूवालिया ने माउंट ट्रिसुल के लिए पहला स्की अभियान, पहला ट्रांस-हिमालय मोटर अभियान और सिल्क और मार्को पोलो मार्ग के माध्यम से मध्य एशिया सांस्कृतिक अभियान का आयोजन किया। रीढ़ की सभी प्रकार की बीमारियों के इलाज के लिए उन्होंने 1993 में नई दिल्ली में एक विश्वस्तरीय भारतीय स्पाइनल इंजरीज़ सेंटर की स्थापना की।

परिवर्तनकारी पदों पर आसीन

- नई दिल्ली में एक विश्वस्तरीय भारतीय स्पाइनल इंजरीज़ सेंटर स्थापित किया।
- भारतीय पर्वतारोहण फाउंडेशन और दिल्ली पर्वतारोहण के अध्यक्ष थे।
- 'द एवरेस्ट विदइन,' 'हायर दैन एवरेस्ट' जैसी 13 किताबें लिखीं।
- उनका पुरस्कार विजेता धारावाहिक, 'बियॉन्ड हिमालय,' दुनिया भर में डिस्कवरी और नेशनल ज्योग्राफिक चैनल पर प्रसारित किया गया था।

- स्पेशल एबिलिटी ट्रस्ट, यूथ एक्सप्लोरिंग सोसाइटी, रिहैबिलिटेशन काउंसिल ऑफ इंडिया और 12 साल की विकलांगता वाले व्यक्तियों की योजना समिति के अध्यक्ष थे।

आम भारतीयों के जीवन पर पड़ा प्रभाव

मेजर अहलूवालिया के अनुभव स्कूल की किताबों में छपे हैं और पीढ़ियों को जीवन में किसी भी विपरीत परिस्थिति में हार न मानने की प्रेरणा देते हैं। उनकी विरासत के कारण साहसिक खेल, रॉक-क्लाइंबिंग और पर्वतारोहण युवाओं के बीच बहुत आम हो गए हैं।